文化遗产档案丛书

天津皇会

西码头百忍京秧歌老会

冯骥才 主编

蒲娇 史静 著

王晓岩 蒲娇 摄影

西码头百忍京秧歌老会立会于清道光元年，会名"百忍"，意为时刻提醒会人百事和忍，以理服人。老会因其严谨的会规、高超的技艺及独特的唱词唱腔，得到了业内外人士的一致称赞与尊重。在本地有着良好口碑，可谓天津地域内"京派高跷"的典型代表之一。

山东教育出版社

本丛书为国家社会科学基金艺术学项目
"现代社会转型期天津皇会的研究"系列成果之一

总序

文化存录的必要

冯骥才

在时代急骤转型时，一部分民间文化的消失在所难免。

这种消失，有的是物换星移与新旧交替之必然，有的则因为失去了存在的土壤，无法再活下去；这是一种无可奈何花落去，一种在时代更迭和进程中的"正常死亡"。

当然还有一种"非正常死亡"：或由于利益驱动，自我割除；或由于浅薄无知，信手扬弃；或由于对致富的心情过于急切，草草处决了历史生命。故而，对于现存的活态民间文化遗产，我们必需抓紧做的事：一是力保，一是存录下来。

存录，就是在一项民间文化（即非物质文化遗产）尚在活态时，抓紧对其进行全面的田野调查，同时运用各种技术手段，尽可能将其完整地、客观地、翔实地记录与保存下来。存录的目的是把动态的、不确定的、分散存在的、保留在人们的记忆、行为或口头上的文化遗产，采集下来，进行科学整理，从而为该遗产建立一份永久性的档案。

这样做的目的，一方面使我们对自己的遗产有完整而清晰的认识，有了必备的文献性的依据；一方面在其不可挽留时，还备有一份历史存照，不致烟消云散，化为乌有。这既是对遗产的科学态度，又是对历史创造应有的尊重，也是遗产学的工作之本。

十年来，存录的做法一直贯穿在我们文化遗产抢救的始终，如在中国木版年画、剪纸、唐卡、泥彩塑等诸多方面都进行了系统的存录和建档的工作。历史上，我们对民间文化多是成果或作品的采集。很少通过人类学、民俗学、历史学、民艺学等多学科的交叉和综合角度，进行整体的考察与田野记录，很少使用口述调查与音像记录等手段。这种方法是我们在社会转型期间，对中华民族的历史创造进行地毯式田野抢救时所采用的一种创造性的学术方法。在2009年举行的"田野的经验"国际会议上得到与会各国专家的认可和肯定。

十年来在全国各地已有很多学者与专家对某一专项民间文化遗产抢救时，也使用了这种方法。

这里则是对国家非遗的"皇会祭典"进行了如是的调查、整理和存录。

曾经兴盛于北方重镇天津、从属于妈祖祭典的皇会，具有深厚的文化内涵，浓郁的历史情韵，严格的程序套路，高超的表演技艺与强烈的地域精神。我国民间花会遍布民间，呈现于各地庙会与民间节庆中，像天津皇会这种大规模的都市民俗尚不多见。尤其令人惊讶的是，在当代都市大规模改造和居民动迁之后，这种民间结社性质的许多老会，依然"气在丹田"，凝聚不散，自行组织，自发活动，并没有被商业化，依然朴素地保持着民间文化的纯正性，为当今社会所罕见。表现了这一地域文化曾经扎根于民间之深之牢。同时我们也看到，在现代强势的都市文明的冲击下它面临的黯淡的前景与日渐消解的现实。为此，为这一城市的历史文化遗产建立科学的文化档案是我们必须承担的使命。

天津皇会始于清初，每年阳春三月海神妈祖诞辰吉日举行庆典，城郊各会齐聚天后宫，上街巡游，逞能献艺；一时城中万人空巷，会间百戏杂陈。极盛时期各类花会多至千余道。三百年以来，时代变迁，社会更迭，及至"文革"后百废待兴之时，尚存近半；然而，它所经历的最大的挫折应是近三十年的现代化冲击，致使当下仅存的老会不及百道。对其进行调查、整理、研究、存录及保护，给予主动和积极的学术支撑，都是刻不容缓的事。故此，我院一边将"现代社会转型期天津皇会的研究"作为重点科研课题（已列入国家社科基金学术研究项目）；一边对重点老会开展调查，逐一建立档案。本书便是该档案的文字与图片部分。

此次为皇会立档，一要做史料考证，二要做田野调查。前者求实，后者求真。对每道皇会都涉及其历史沿革、重要人物、技艺特征、音乐曲谱、器物种类、文献遗存、会规会约、传承谱系等等，这些历史上都鲜有记录。调查与印证之难自不必书，存录的价值与意义自在其中。应该说对这一历经数百年极具特色的民俗文化，在其濒危之际，将其完整又翔实地存录下来，亦是一个小小的历史性的贡献。

我很高兴，这项工作已被我院一些年轻的师生承担起来了。由于他们此前完成了《中国木版年画传承人口述史丛书》，我相信这一套天津皇会档案能达到应有的文化质量与价值。

文化的存录对一个民族来说，是记忆，是积累，是面对过去、更是面对未来必需做好做细做扎实的事情。

是为记焉。

2013年5月31日

于天津大学冯骥才文学艺术研究院

目录

第一章

源起、沿革与文化空间

一、社区历史文化概况

南运河是京杭运河的一部分，也是京杭大运河在华北的主要河段。明永乐年间，漕运大兴，南运河历史上就是一条通向北京的漕运河道。

南运河南起山东临清，流经德州，再经河北省东光、泊镇、沧县、青县入天津市静海县，又经西青区杨柳青入红桥区，流经该区南部，至三岔河口与北运河会合后入海河。南运河全长509公里，红桥区境内一段长约7.3公里，宽20—40米。在红桥区境内自西向东流经邵公庄、小西

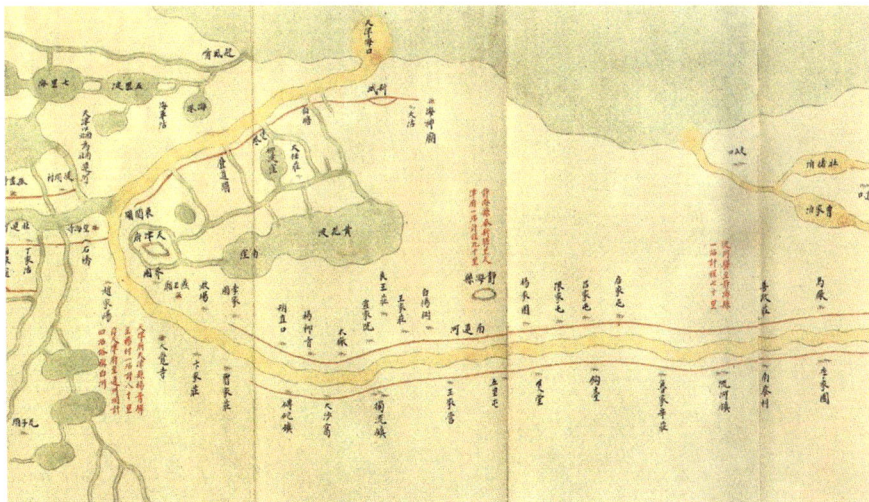

清代京杭大运河地图

坐落于三岔河口的京杭大运河天津红桥区段标志石碑

关、南头窑、先春园、大伙巷、河北大街、三条石、大胡同等地界，西端对岸为南开区。

南运河繁忙的航运，使得两岸成为人口密集聚居地，三岔河口成为天津市城市发祥地和最早的商贸文化娱乐区。历史上，西码头这个地名是在1912年运河调顺的过程中（西大湾子到复兴路之间原有一个大河湾，后从鸡子行到大丰桥一段变为直路）才有的。过去对"西码头"界定的范围是从鸡子行到邵公庄桥（今井冈山桥）口。另外，依河而建的还有北码头、东码头。北码头的范围在今天北大关桥两岸。东码头范围在今天东浮桥（金汤桥）两岸。南部没有码头，在今天的南市一带。

过去，西码头一带是全国重要的交通枢纽，沿运河两岸，分布着无数商家店铺，鸡子行、斗店、米店、蒲包店等鳞次栉比，繁荣兴旺。静海县一带盛产蒲蓬，这是制作蒲包的材料，而运河是通往静海县的必经之路，因为经常从西码头沿岸的一个村运输蒲包，后来这个村取名为蒲包店村。天津市区的鲜货、瓜果、粮食、蒲包、席、篓子、扫帚等食品和生活用品也基本从这里下船。居民出行十分方便，主要靠汽船，去往今日的杨柳青，只需一个多小时就可以到达。

西码头两岸居民基本靠运输业生活，主要从事脚行职业。明代以前，进出海河港

清朝末年脚行工人

区的船舶在装卸漕粮时，多由船夫来兼任。遇攒粮入库或出库陆运时，才另雇脚夫搬运。清朝初年，天津县衙在城厢附近建立一种"四口"制度：西门一带为西口，东门一带为东口，南门一带为南口，北门一带为北口，各口推举专人到衙门负责"接官迎差"。后来，这些人即勾结官府，四处分界，各自把持，形成割据局面，这就是天津最早的脚行——四口脚行的雏形。随着脚行的日渐发展，官府又把"四口"变成了征税单位，从此脚行开始给官府交纳"津贴"，也成为最早成立的官办脚行。清康熙五十四年（1715年）天津建立了最早的私人脚行——同善首局。它原是一个"水会"，主要工作是救火，兼做搬运零活，后逐渐演变为脚行。百忍老会中老会员们，从事的行业也多和脚行有关，如扛肩、卸装、推车等工作。会中第三代樵夫的扮演者高起顺年轻时推着小车为各个商行送货，挑茶炊子的表演者田文清是挑着担子挨家走街串户卖鱼的买卖人。因此民间有"西码头的高跷脚行人多，混元盒的高跷勤行（做饭的）人多"的说法。

当时西码头一带，花会组织非常多，这些花会同百忍老会一样，会员也多由脚行人组成。

与西码头隔河相望的对岸有邵公庄萃韵吹会。这道会既有锣、鼓等响器，也有一套完整的前行儿，无论是表演器具或是设摆器具，制作工艺都十分精良。不过令人遗憾的是，在解放战争期间，邵公庄萃韵吹会的会所被国民党烧毁，会所内放置的器具也毁于一旦。20世纪80年代，在会中老人姚俊岐的带领下曾重新置办了一套表演和设摆器具，但到目前吹会也没有恢复起来，会中的器物暂存于红桥区文化馆。

在鱼市大街上，有一道黄绳会，会中有一条特别的黄色大麻绳。每次有皇会或者庙会时，黄绳会会员就将黄绳拉起，把围观的人群阻挡在黄绳之外，起到了一个维护安全和秩序的作用。这道会的会头名为黄

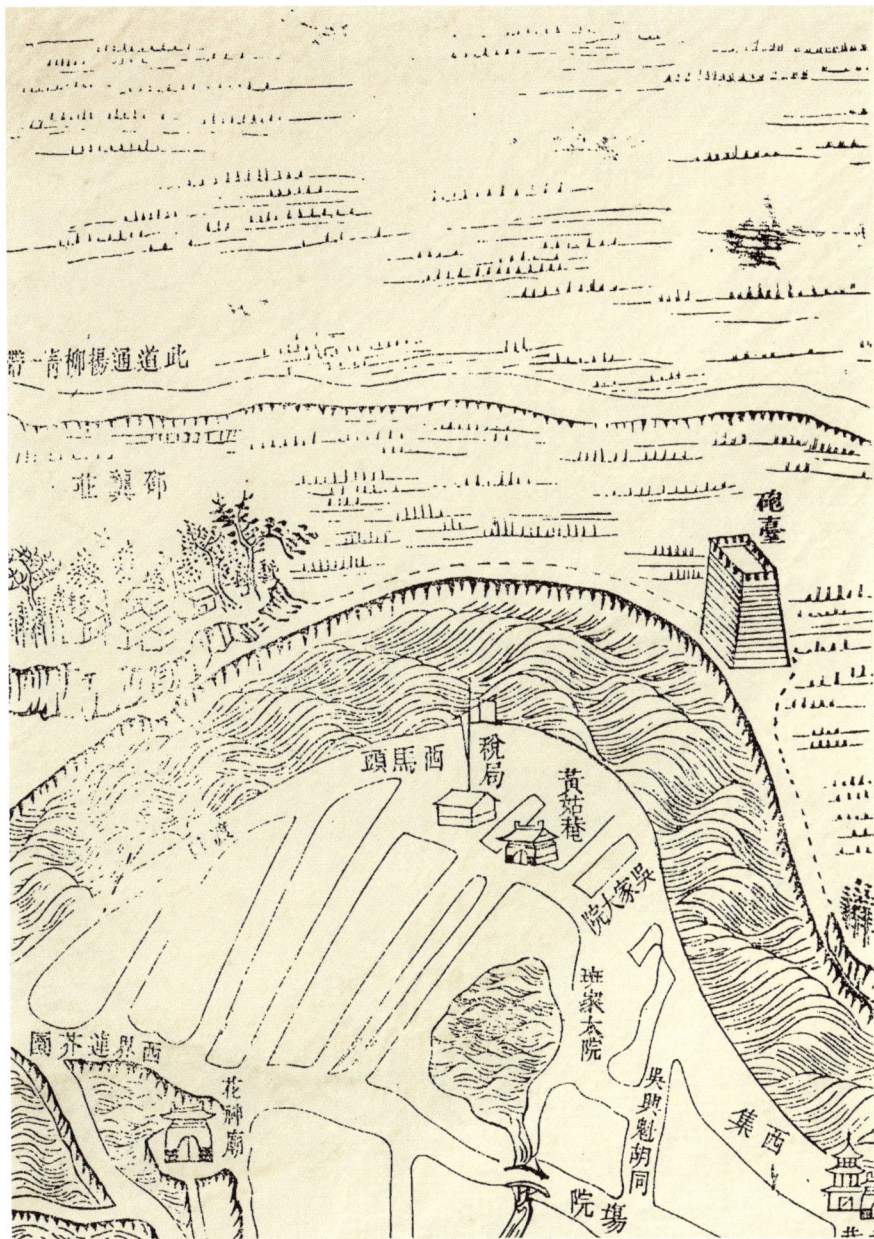

《津门保甲图说》中所绘西码头一带

七，经营包子铺的买卖。黄绳会于1936年前后消失。

清康熙末年，在南头窑（今永丰屯）附近有一道西池八仙鹤龄老会，又称上八仙鹤龄老会。这道会历史久远，曾经在皇会中为天后娘娘的华辇伴驾。表演内容是根据"上八仙"刘海、张仙、孙膑、李白和王禅、王敖两兄弟及和合二仙为西池王母娘娘庆寿的故事改编，除了扮演"上八仙"的八位人物外，还有王母娘娘及两位随驾侍女共十一人。他们主要的音乐伴奏为表演时的《鹤龄曲》和为娘娘祝寿时演唱的《庆寿歌》。

在南头窑（今永丰屯）附近还有一道六合轩同善大乐老会，主要使用的乐器有喇叭一对、号筒一对、唢呐一对、金锣一对、钹一对、鼓一面等，演奏的为"河洛大乐"曲调。会中使用的道具、服饰同一般的法鼓会大体相似，只是在演奏的乐器上增加了几种。经常演奏的曲牌有《浪淘沙》《金蝉闹》和《普天乐》等。

天津市教军场大街，有一道西头芥园花音法鼓鲜花老会，这道会以别出心裁的创意而闻名，是皇会中为娘娘随驾的一道必不可少的仪仗

清人所绘《天津天后宫过会行会图》局部

会。这道会平时用特殊的工艺养着四个季节不同种类的鲜花和昆虫，每到出会时，他们在会中的八台鲜花台座上放入各个季节的鲜花，每一台花座都按照固定的种类摆放。花座上罩有一个透明的大罩子，将活的昆虫放在鲜花上，如蝈蝈、油葫芦等。行会时，会还没有走近，人们已经闻到了阵阵清香，这道会在万物凋零的冬季格外吸引眼球。鲜花老会还自带法鼓表演，行会时有法鼓伴奏。这道会于20世纪50年代消失。

　　直到解放前，西码头附近的花会还非常多，如在咸丰年间创立的金山寺高跷圣会、解放前创立的西游记高跷会。

清代年画《高跷会》(选自《以画过年》)

二、老会的起源、发展与变迁

西码头百忍京秧歌老会牌匾

　　清嘉庆二十四年（1819年），两个对百忍京秧歌老会发起有至关重要作用的人物，北京蔡绍文先生随同天津西码头镖局岳长发来到天津。蔡绍文，后人尊称蔡八爷，此人精通京秧歌高跷，既懂耍又懂唱。来到天津后，于南运河西大湾子的一个征缴船运税银的关税卡当书吏。因为与西码头的村民交往甚密，看到这里的百姓虽然文化蒙昧、粗枝大叶、争强好斗，却豪爽仗义、扶危助困、淳朴善良，他们终日辛苦，却少有娱乐，便打算将娱人娱己的京秧歌高跷传授给他们。岳长发有钱有势，后来他负责出钱出力，操办此事。在道光元年（1821年）2月15日成立了百忍京秧歌老会。老会以它独特的唱腔、琅琅上口的唱词、极具特色的"老三点"，与天津各道花会形成鲜明的对比，受到民众的喜爱，"百忍"的别名为"老高跷"，特别是在城里南市一带非常出名，提"百忍"知道的人不多，一提"老高跷"，基本无人不知、无人不晓。因为老会的历史悠远、技艺高超，又以"百事忍为先"的会规，时刻提醒会员们百事和忍，非礼勿施，因此得到了其他各会的称赞和尊重，有着良好的口碑。

民国时期天后宫

20世纪60年代天后宫庙会场景

　　百忍老会的动作、唱腔与中国的武术和国粹京剧有着深厚的不解之缘。演出中，随时可见骑马蹲裆、鹞子翻身等武术的招式。会名中的"百"字，实际念为"bó"（音同"薄"），唱词中的"鞋"字，实际念为"shāi"（音同"筛"）。这样的念法比较上口、上韵，符合京剧的走韵。

皇会是为祭祀海神妈祖诞辰而举行的大型庆典，是天津民间最为隆重的民俗活动，曾被誉为"中国人的狂欢节"。据史料记载，皇会在清朝以前无此称谓，只是一种庙会的形式，自乾隆以后才改名叫皇会。传说乾隆皇帝有一年南巡途经天津，正好赶上三月二十三娘娘生日，这一天是出会的日子，各道花会看到了皇上，更加卖力地表演，皇帝龙心大悦，授予皇封，从这以后才改名叫皇会。

西码头百忍老会在技艺的传承和会内代谱的排列上较为有序，从第一代开始基本都有入会会员姓名的文字记录。老会的角色共有十人，分别是：陀头、婴哥、渔夫、武扇、文扇、樵夫、俊锣、丑锣、俊鼓、丑鼓。写入代谱的人

百忍老会十个角色合影

是每一代十个角色在技艺上较为精湛的表演者，并没有出现会头和挑茶炊子人的名字。目前已从第一代排到第八代。过去，会头少则三四位，多则七八位，多由当时的财主担当，进行资金上的赞助。第一代会头是岳长发；第一代总教练是蔡绍文（蔡八爷），负责传授技艺；第一代陀头的表演者是岳大佬（岳长发之子，在家中排行倒数第二）。

历史上有两个阶段，社会上对高跷会的口碑不好，是由于部分高跷会出于经济原因在社会上非法敛财所致。

第一次是在清朝咸丰年间，扫殿会曾经禁止所有的高跷会参加皇会。过去，每道花会的支撑基本是靠社会上的财主来赞助。后来，有的财主在做生意的过程中赔了，一些高跷会便陷入了缺乏资金的困境。周围的一些群众非常想扶植花会，有的采用了社会集资的方式敛钱，敛钱的人鱼龙混杂，很多是打着为花会集资的旗号假公济私，招摇撞骗。因此有一段时间，老百姓们不再信任高跷会，造成了很不好的影响。后来随着内部的不断整顿，敛财的问题逐渐解决，扫殿会又重新允许高跷会参加皇会了。

第二次是在20世纪80年代，"文化大革命"后，很多会想重振雄风。有一道高跷会曾打着为花会置办家当的旗号，到处敛财，在群众中引起了很大的不满，以至于连带很多人对高跷会产生了成见。后来随着事件的澄清，人们逐渐意识到并不是所有的高跷会都存在这样的情况，印象逐渐改变，而这道敛财的会最终没有恢复起来。

百忍老会的会址在历史上也几经变动，可谓一波三折。清朝末年，其会所在怡和斗店附近。20世纪初，八国联军侵占天津，会所搬往西码头鸡子行（今复兴路口）附近。抗日战争期间，会所搬往米粒烟胡同，随后，搬往北吉祥胡同。解放前夕，重新搬回米粒烟胡同，后搬往蒲包店大街。蒲包店大街的房子是在1945年前后购买的，在今邵公庄桥南的蒲包店大街口，当时由会中的老会员和诚意堂的人共同集资百十块大洋购得。会所共两间房子，屋前带有一个小院，共六七十平米，公产房。20世纪90年代，会中的老人用了四年时间，在原来的地基上翻盖了一座二层楼，但房子还没有入住，便被政府规划为拆迁地。重新规划后，2001年政府回迁给百忍老会一套70多平米的两居室，居住至今。会所是会员们商议会中事务、储存表演器物、号佛上香和日常聚会的场所。会员们将其布置得饶有情调，小屋和客厅整齐地码满了装有行头和设摆器物的箱子，大屋中间的墙上挂着"西码头京秧歌百忍老会"的匾额，这出自于书法家李松之手。左手边是有近百年历史的案几。墙上挂有五扇屏风，中间供奉的是关公画像；两旁的屏风内分别是对联，上联为"忠义神威丹心贯日"，下联为"春秋正统俊德参天"；最外侧的屏风内写有文字，分别是《号佛三》《春翠屏》及"十八路棒槌"。这些文字为杨柳青画社在2002年所作。据会中老人回忆，供奉关老爷像的历史并不久远，百忍老会最早供奉的是"佛"字，原来的佛字由安四先生（具体名字不详）所写，此人较有文化，曾担任过脚行的账房先生，是副会头安维鸣的爷爷。每次出会前，大家都会在案几前举行号佛仪式。到某些场合演出，号佛的选段是有讲究的，去寺庙有专门的唱词，踩街有专门的唱词，祝寿也有专门的唱词。出会前一般号五段佛，为的是保护出会时一路平安。

1947年，百忍老会曾经置办了一套前行儿，这是仿照娘娘出皇会时的仪仗，参照北门里乡祠法鼓的前行儿制作而成。有灯牌十个，门旗四个，叫锣一面，高照四个，软对、硬对各一对，茶筲一对，点心挑子一对，茶炊子两对，二锣一面，灯图一个，蠹旗一面，高凳五个，挑子灯五十只。置办这些东西，材料的来源同一位十分爱会的豪绅侯八爷密不可分，侯八爷在当地颇有势力，他从当时的北洋火柴厂购得木材，免费为百忍老会制作了这套前行儿。

　　清朝后期，可以说是各道花会最繁荣活跃的时期。当时百忍的会员有一百多人。在抗日战争时期，出会的机会少，会员的人数也不多。1950—1963年，即解放后到"四清"运动前的这段时期，百忍老会的会员曾经达到百人。在"文革"期间，会员又有所减少。1983年后的恢复时期，有七十多人。目前百忍老会中较为活跃的会员有四十多人，另外还有许多在出会时随会维持秩序的人，虽然他们不算正式会员，但每一次顺利的出会却又与他们的热情参与密不可分。

　　会员缴纳会费的形式是从1954年后才有的，过去支撑会中开销的多是有钱的财主或者商人，后来城市中的资产阶级、财主乡绅纷纷破产，才有了会员缴纳会费的会规。20世纪50年代的会费，一个人一个月是5毛钱，

百忍老会目前的会所——天津市红桥区弘丽园小区5号楼102室

会员缴纳会费的明细

百忍老会出会时的场景

如果有出会任务，每个人最少要缴纳10块到20块。会中要置办东西时，还得多缴。没有参加工作的会员，学高跷的时候不用拿会费。开始上班了，需要按月缴纳会费。现在的会费为每人每月三元钱。

百忍老会在西码头南运河一带的口碑非常好，名气也大。天津市玩花会的人都知道，百忍守规矩，无论遇见年代久远的老会还是刚刚成立的新会，都特别尊敬，本地区的居民也以百忍为荣，爱会惜会，周围的老太太看到会中的服装破了，主动来缝缝补补。在"文化大革命"中，会中的老物件能完好无损，就充分说明百忍老会有很深的群众基础。

"文化大革命"期间破"四旧"，百忍的表演器具被定义为封建迷信品，属于被破除的对象。会中有个会员叫刘文贵，他的母亲是当时街道上的负责人。就是这位老太太在当时的严峻条件下，毅然决然保护了会里的东西。她给会员们出了主意，把表演器具用草席盖上，外面睡着人。当时的派出所也没有管，因为大家知道老会是为老百姓服务的，会

会所内的案几及五屏风

中的物件也是老百姓凑钱买的，这都是他们最喜欢的东西。因此，会中的物件在"文革"中得以幸存，完好无损。以会员们的话说，"要没有群众基础，这会就完了，早给毁了"。1983年后的恢复阶段，社会各个方面也给予老会强大支持，会中若有正式演出，会员只要到当地派出所或者街道委员会开个证明，盖个戳儿，送到厂子里就可以算出勤，工资奖金照常发放。

百忍老会一直以自己的鼓为骄傲，会中流传着老鼓是用整截古桐树制作而成的说法。一棵树横截一段后，将中间的心挖出，做了鼓的边。在天津解放前夕，鼓恰好在搬运中裂掉，才知道并不是整的，而是一块块拼起来的。当时有一位演公子的赵玉林，因为战争而四处避难。他怕鼓被损坏，背着会中的两个鼓到处躲藏，而家里的东西一点都没有带。

虽然今天百忍的会员们知道了自己的鼓或者没有想象中那么名贵，但是他们依然十分爱惜，因为他们已经把自己的感情深深地倾入其中。他们认为对自己老会的爱就体现在将老祖辈的技艺发扬光大，对流传下的物件爱惜有加。

百忍老会除了在"文化大革命"中断过一段时间外，其他时间一直较为繁荣，传承状况良好。

1982年，百忍老会重新恢复起来，积极培养会员，练习技艺。据会中老人们讲述，从改革开放后到今天的几十年中，出会的机会比原来一百年出会的机会还要多。过去只在春节、正月十五及娘娘生日时出会，一年最多只有三五次，有时候甚至一年都不出一次会。而现在出会的次数非常多，他们觉得演出机会越多越有利于会员们积极性的调动、技艺水平的提高和老会长远的发展。根据会中老人们的介绍，百忍老会出会的记录大致如下：

1950年10月1日，参加在胜利公园举行的"庆祝中华人民共和国建国一周年"游行。

1953-1954年，到天津市棉纺一厂、二厂、五厂以及第二工人文化宫等处进行慰问演出。

1956年，参加在天津市民园体育场举办的"天津市进入社会主义"庆祝活动。

1959年，参加在南市举行的踩街拜会庆祝仪式。

1984年9月11日，参加在三岔河口举行的引滦入津庆典。

1984年，参加在中环线举行的开发中环线剪彩典礼。

1988年10月，参加天津东站重建剪彩仪式。

1989年6月，参加天津市老人节庆祝活动。

1992年9月，参加庆祝"中日友好建交二十周年"活动。

1991年5月，参加天津市政府举办的庆祝"首届月季花节"活动。

20世纪80年代参加水上公园、西沽公园等大型公园的落成典礼仪式以及北宁公园游园活动等。

2006年2月12日，参加汉沽区政府举办的正月十五灯节。

2006年9月20日，参加"第三届妈祖旅游节"。

2006年10月1日，参加在金街举办的庆祝国庆节活动。

2006年11月10日，参加庆祝"邵公庄选举大会"活动。

2007年5月9日，去往天津大毕庄为天后娘娘生日接驾。

2007年6月9日，庆祝老城厢博物馆成立，举行设摆仪式。

2008年4月16日，参加国务院新闻办举办的"迎接奥运会"庆祝仪式。

2008年4月28日，去往天津大毕庄为天后娘娘生日接驾。

2008年10月3日，参加"第四届妈祖节"接驾仪式。

2009年6月13日，参加庆祝"非物质文化遗产日"活动。

2010年5月1日，参加天津大悲院庙会。

2010年6月11日，参加在静海县西双塘举办的"天津市第六届农民艺术节开幕式暨天津市非物质文化遗产宣传展示"活动。

2011年2月6日，参加第二工人文化宫联欢会。

2011年6月12日，参加红桥区非物质文化遗产庆祝大会。

2011年6月11日，参加在南开区庄王府举办的庆祝"非物质文化遗产日"活动。

2011年6月15日，参加在铁东路正义里社区举办的"庆祝建党90周年"活动。

除此之外，百忍老会每年还会参加几个固定的活动：自2006年起，每年参加正月初五的金街踩街仪式；自2008年起，每年参加正月初八的估衣街踩街仪式。

百忍老会精湛的技艺和优良的传统会风，博得了社会的广泛认可，各种庙会、典礼、庆祝活动纷纷发出邀请。同时，还获得了专业领域的各种奖项，如：1986年，参加在北宁公园举行的天津市民间花会大奖赛，获得表演一等奖；2006年6月1日，参加在天津乐园举行的民间花会擂台赛，获得"十大擂主"称号。

另外，中央电视台于20世纪90年代为百忍老会拍摄过《舞蹈与民俗》节目，并被记录在文化部主编的《中国民间舞蹈集成·天津卷》中。

娘娘诞辰仪式上的贡品（摄于大毕庄莆田会馆）

老会获得的锦旗

三、信仰空间

百忍老会供奉关老爷做保护神，因为关老爷是武圣人，而百忍老会的招式是武术的招式，按照武行来说，当敬拜关公。在此之前供的是"佛"字，金色的"佛"字，两边是经文，但是在"文化大革命"期间遭到毁坏。据殷洪祥回忆，依稀记得"佛"字左边一栏，写有"般若波罗蜜多心经，是大神咒，是大明咒，是无上咒，是无等等咒"，其他内容无从考究。直到现在，百忍老会出会之前还有号佛的仪式。具体仪式为：穿好彩衣、扮好妆之后，十个角色将手中的道具都举起，站成一排，然后十个人一起响家伙、响点，然后号佛，唱唱词。一般由会中的陀头领唱，其他人合唱。没响家伙以前，所有人手中点的香，都要递给棒槌的扮演者，最后由他带领大家统一上香。整个过程中，没有磕头的仪式。平常日子拜佛的仪式少，过去会中有的老人，腊月三十不在家过年，来会所上香上供。

出会前的号佛仪式

西码头百忍京秧歌老会号佛唱词

（一）万寿无疆（号佛一）

（头）阿讴阿，万寿无疆乐融喜，国泰（群）民安庆有余来你看，天呐下神仙嘿都来祝寿来我的天爷来，万寿亭台设摆香齐。

（头）万寿花草年年有，万寿戏台摆在街兮，居民（群）都把阿弥陀佛念来你看，主兮哎洪福嘿寿与天齐来我的天爷来，主兮洪福嘿寿与天齐。

（二）三声佛（号佛二）

（头）阿讴阿，阿弥陀佛念了一声，达摩（群）过江快如风来你看，番王哎太子嘿要去嗉经来我的天爷来，番王太子要去嗉经。

（头）阿弥陀佛念了二声，二郎赶山一直往（群）东来你看，泰山哎压顶嘿永不翻身来我的天爷来，泰山压顶永不翻身。

（头）阿弥陀佛念了三声，三咒感应护法韦（群）陀来你来看，杨柳哎枝儿嘿供在水瓶来我的天爷来，杨柳枝儿供在水瓶。

（三）白猿偷桃（号佛三）

（头）阿讴阿，春风刮起绒绣帘，王禅（群）打坐在蒲团来你来看，叫了声徒儿孙膑，你到后面看寿桃园。

（头）徒儿闻听不怠慢，一直够奔寿桃园，昨日看桃桃不短，今日看桃少去了半边。来了个（群）偷桃喂孝母嘿小白猿来我的天爷来，封仙索锁去永不哭还。

（头）一见大仙双膝跪，口尊老祖要您听言，昨日偷桃就是我，今日偷桃遇见了大仙，高抬（群）贵手容让我来你看，母在哎家中嘿盼想儿还来我的天爷来。母在家中盼想儿还。

（四）八仙上寿（号佛四）

（头）阿讴阿，年年道有这一天，王母（群）寿诞会会群仙你来看，八路神仙嘿都来上寿来我的天爷来，空中来了一白猿。

（头）仙桃仙果全不用，自带仙酒当饭餐，白猿喝得酩酊醉，东倒西歪打路拳。开拳（群）先打汉钟离来你来看，吓得哎洞宾嘿不敢言来我的天爷来，吓得洞宾不敢言。

（头）二拳再打铁拐李，何仙姑的笊篱撕了去半边，蓝采和（群）的笛子，曹国舅的板来你来看，韩湘子的花篮嘿胜过牡丹来我的天爷来，张果老骑驴一溜烟。

（五）春翠屏（号佛五）

（头）阿讴阿，春风刮起春翠屏，桃红（群）柳绿各显名来你看，宵临抵花芯儿，鸳鸯戏水群鸭跳梗。

天津南善堂公善首局（翻拍）

（头）游春的散淡公子手舒春扇，春鱼儿出水抖擞它的金鳞，仙童（群）仙女就在后花园里窜来你看，洞宾老祖嘿下山引民来我的天爷来，颌带青纱一字巾。

（头）兰绒丝绦腰中系，斜背着昆吾宝剑快如风，有人问我名和姓，吾本是上方一位散淡神仙喜至之（群）最喜的一位，逍遥自在嘿乐中恒来我的天爷来，逍遥自在乐中恒。

天津天后宫现存清代木制妈祖神像

　　理门（理教）是流行于天津民间，带有一定宗教色彩的团体，组织分布广泛，参加的人数多。第一位将理教传入天津的人是尹岩，于清乾隆三十年(1765年) 四月初八在天津西头永丰屯正式建立了理门公所，亦被称为"永丰屯西根老公所"，简称"西老公所"。此组织男性、女性都可参加，只是在称呼上有所不同，男性被称为大众，女性被称为二众。尹岩出任第一位"领众"，并被尊为天津理教创兴的祖师。随后，理教在天津迅速得到传播，先后成立了许多理门公所。到20世纪40年代，天津约有百十余个公所，除了西老公所外，还有陈家沟子娘娘庙后的东老公所、大红桥轮船局西正已堂公所、城里的中公所等，还有众多的以"堂"为名的组织，如：南门外普善堂、大红桥西刘家衚衕（胡同）知理堂、河北竹林村聚善堂及天津南善堂等。

　　据老人们说，老公所是一个为民众办善事儿的机构，参加者都被称为"在理儿"的人。在理儿是指不做抽烟、喝酒、赌博、犯法等事，只做行善积德，乐善好施之事。想加入老公所，成为在理儿的人，要经过严格审核，除了有一定的资金实力，还要能做到乐善好施。例如：老百姓逢年过节没钱了，可以找到老公所，老公所会在核实情况后，给予老百姓相应的钱；过年、腊八节的时候，老公所经常无偿舍粥；过去有白骨不能见太阳的说法，人死了，没人管，老公所就会把尸骨收起来埋掉。如果死了人没钱买棺材，找到老公所，所里的人会买好了棺材送给这家人；老公所还有一种人，专门在荒郊拾零散的人骨头，并埋藏起来，要死者入土为安。老公所用于施舍的钱来自天津市的"八大家"以及许多有一定背景和经济实力的地主豪绅。

　　西老公所在天津卫曾经是非常有名的慈善组织之一，在民间有很高的威信和社会地位。老公所下设诚意堂等机构，诚意堂又下设路灯社、茶棚等机构。过去出皇会，负责组织皇会的扫殿会和娘娘宫的老道们必须上门拜访老公所，共同商议出会的相关事宜。

解放后，地主豪绅被打倒，老公所的经济来源被切断，后逐渐解散，彻底消失了。随后，老公所的会所改为了卫生院，1983年前后，改为南头窑街文化站，直至1999年，会所在城市拆迁中被拆除。

西码头百忍高跷老会和老公所一直有很深的不解之缘。会中的很多会董，多是老公所的成员，如在"西大湾子"（今红桥区隆春里一带）开茶叶庄的谢茂益就是百忍老会的老会董之一。他们爱会惜会，为会中捐资捐物。在1953年老公所解散后，高跷会进了诚意堂的会所，会所中的很多物品赠与了百忍老会。目前百忍老会的部分摆设，如供奉关公的案几和五屏风等都是原来诚意堂的物品。

西码头分布着很多寺庙，但是百忍的会员大多没有宗教信仰。部分和水运有关的人，如装卸工人、跟船的人信奉妈祖，因为可以祈求保佑水运平安。除了老城里的妈祖庙，南运河一代还有吕祖堂、双忠庙、花神庙、如意庵、皇姑庵和千佛寺。这些庙宇大部分在解放后被改为学校，在"文化大革命"时期被农民作为住宅使用，目前存留的只有吕祖堂。

吕祖堂坐落于天津市红桥区芥园道南部，又名永丰屯屯中祠堂。始建于明朝宣德八年（1433年），原为供奉仙人吕洞宾的道观。清康熙五十八年（1719年）修葺后，改为吕祖庙观，更名为"吕祖堂"。 清光绪二十六年（1900年），义和团运动兴起，各地义和团纷纷进入天津，首领曹福田曾率数千名义和团战士，将总坛口设在吕祖堂内。而今此庙依然存在，前殿主要供奉吕洞宾，后殿供奉北斗元君，两侧有药王和药圣，历经重修，已经成为全国重点文物保护单位。

千佛寺始建于清光绪三十年(1904年)，据史料记载，此寺在民间亦称千福寺，清光绪末年亦称"云霞观"。千佛寺在本地一直算是大庙，规模宏大，香火鼎盛。当地有拴娃娃的民俗，过去在双神庙和千佛寺里，有很多

吕祖堂

农历三月二十三娘娘诞辰日，各地天后宫纷纷到津祝贺

手捏的小泥娃娃，没有孩子的人家会去这里"偷"娃娃回来供在神龛里，每年还要给娃娃重新塑身，寓意不断成长。解放以后，政府将寺庙改为了天津市毛巾四厂。千佛寺在1956年被拆除。

双忠庙始建于明代，是一座合祀历史上两位忠臣楷模——关羽、岳飞的寺庙。关岳合祀的祠庙在江南地区颇为多见，但在北方地区极为罕见。庙址后改为红桥区幼儿园，庙在1999年被拆除。

据史书记载，花神庙始建于清朝中期，当时，在天津卫河邵公庄、小西关一带，种花养花卖花的人家很多，邵公庄的海棠远近闻名，又被人称为"海棠庄"。春日来临，水西庄内以及周围几乎是花的海洋，花匠们普遍信奉"花神"，自发地在南运河畔建起花神庙。该庙拆除年代不详。

相传，妈祖娘娘的父母塑像设在如意庵，每逢农历三月十六娘娘要

娃娃哥哥

摆驾如意庵，十七日停留一日，在十八日回驾娘娘宫。1900年的农历三月十七日夜晚，因为前殿香火旺盛，竟然引起了熊熊大火。当时五位娘娘的宝辇全部供奉在中殿。一时间火势难以控制，许多聚集在前殿的香客被困于火中，死伤无数。一些儿童躲到娘娘宝辇之下，躲过一劫。传说，大火神奇地从前殿越过中殿，直烧到后殿，五座宝辇幸免于难，但天后娘娘的佛头却被贪财之人趁火打劫掠走。从那以后，娘娘便再也不回如意庵，改回千福寺了。如意庵在1999年被拆除。

皇姑庵也是当地非常著名的一座庙宇。相传，乾隆皇帝下江南路过西码头，在附近找了个茶铺休息。看到茶铺里卖茶水老头的女儿机灵聪慧，一时兴起，认了干闺女，还送她一把扇子当信物。并告诉女孩儿，以后有什么困难就拿着扇子去北京找他。女孩儿问他，姓什么，叫什么，住在什么地方？乾隆皇帝说，哪儿台阶最高哪儿就能找到我。过了几年，女孩子没有结婚的钱，就想去北京找她认的干爹。爷俩儿到了北

春节将至，天后宫一带年味浓郁

京，四处打听哪里台阶最高，有人戏谑道皇上住的皇宫台阶最高了。女孩儿还真的就去了，走到把守的士兵那儿拿着扇子说要找干爹，士兵不让进，还把他们的扇子拿走了。爷俩儿一看信物没了，就回到了家乡。后来，皇上无意中看到了扇子，就想找到民间认的干女儿，发了满城的告示寻人。女孩儿以为得罪了什么人，害怕极了，偷偷出家了。乾隆皇帝心中内疚，于是在西码头给她建了一座寺庙，称为皇姑庵。皇姑庵在1999年被拆除。

在西码头这一带，有非常丰富多彩的地方习俗。过年要贴门神、对子、吊钱，穿的衣服是把平时的衣服洗完后染色，焕然一新。穿的鞋子是家里做的千层底儿布鞋。结婚时有坐"双层轿"的习俗，小轿子套在大轿子里，小轿抬出来，新娘子坐进去，然后再把小轿放进大轿里，由八个人抬着。还有"夹凉席抱公鸡"的习俗，婚礼的时候，由属鸡的小孩打公鸡，让公鸡叫，以图吉（鸡）利。

四、相关历史传说

1. 太子踢球名震津门

百忍老会自第三代传人起开始参加皇会，当时的陀头是霍兆远，又名霍金豆。这人对高跷十分着迷，每天将四五斤重的沙袋绑在两条小腿上练习基本功。他是一名棚工（旧时为人搭建房屋的工人），工作虽然十分劳累，但是依然坚持在生活中带着沙袋。他最初在会中扮演的是樵夫，但是因为自身喜好陀头角色，所以时常在家中"闷练"。

清朝同治年间，有一次百忍老会接到出皇会的黄帖。当时在皇会的队伍当中，还有一道高跷会，是南郊区傅家村的渔樵耕读老会，他们认为皇会中不能有两道高跷同时参加。这时候，在皇会中非常有威望的姜家井捷兽会提出解决的办法。由姜家井的狮子在娘娘宫山门外摆九狮阵，五个大狮子、四个小狮子来了个狮子卧道。庙里的老道长发下话来，躲开这个道，会进去了，谁就参加皇会。傅家村的高跷第一个打

人山人海观皇会（1936年）

搐，使出浑身解数也没有成功。百忍高跷中当时扮演陀头的人恰好有事，霍兆远便主动请缨，带领众人进行攻搐，他先来了一番醉棒，进入阵内改为"十八路棍法"，耍到酣时，急中生智，突然以一个"太子踢球"将狮子卧着的绣球踢飞，狮子看着球飞了，也开始活动了，会里有个婴哥的角，左手腕上挎着一个面斗，实际里面没有东西，假装抓一把豆儿似的东西撒在地上，这狮子就起来了。霍兆远一路带着老会进了山门，自此，百忍老会一下子露脸了，霍兆远更是露脸了，可以说在天津卫是无人不知。自此，有一句关于"十八路棍法"的顺口溜流传了下来，"西码头的棒槌，窑洼的伞（皇帝御赐），蚂蜡庙的高跷不用演（服装道具精美）"。从那以后，西码头百忍京秧歌老会开始正式参加皇会。目前"太子踢球"并没有失传，会头殷洪祥会耍。

2. 家喻户晓的棒槌霍兆远

据老一辈的人讲，霍兆远可算是一个传奇的人，故事很多。当时在鼓楼东偏北的地界儿，有一道混元盒高跷，它在天津市的花会中历史比较久远。百忍同这道会的关系比较要好，有一天去拜访混元盒。那年间，天津卫的四面还有城墙，百忍高跷从梁嘴子出去后，走到针市街，这里有个隆顺榕药店，他们一看老高跷来了，马上将桌子支上，摆上茶水、糕点，放了鞭炮来迎接。会头跟隆顺榕的管事说，"我们现在还不能耍，想拜访混元盒，经过这里"。可是对方很热情，非要老会耍一套，会头只好应承下来。据说当时房顶上、墙头上站满了人，为的就是一睹霍兆远的风采。霍兆远的确不给百忍老会栽面儿，愣是从针市街到混元盒老会的一路上，把这十八路棒槌耍得没一招重样儿。从混元盒高跷拜完会出来，在去往隆顺榕药店的路上，角儿需要休息，发现坐的高凳找不到了。原来因为看会的人太多，高凳落在混元盒老会那儿搬不出来了。正在大家发愁的时候，突然听见有人喊"高凳来了，高凳来了"，有个姓卢的老人，带着儿子、侄子正扛着高凳在街上挤。他说，"以后再出会，这高凳我们老卢家包了"。那时候，百忍老会和棒槌霍兆远可以说是名震津门、家喻户晓。

3. 老道施"苦肉计"相邀百忍出会

百忍老会中流传着一个娘娘宫老道施"苦肉计"相邀出会的故事。清朝同治年间，专门组织皇会的人是娘娘宫的老道们，组织叫扫殿会。有一年，道长想邀请百忍老会出皇会。能出皇会，对于任何一道花会来说都是一件荣耀的事情，但是出会时所有的衣着配饰都要置办得体面豪华一点，如果答应出会，很多东西需要重新购置，是一笔不小的开销。当时百忍老会的会头考虑到经济方面的因素，没有答应。过了几天，老道再次来到会所请百忍老会出会，百忍老会还是没答应。老道第三次来的时候，胳膊上挎了一个篮子，里面带着把头钉子和锤子。见了百忍的人便说，"你们要是不答应出会，我就把这钉子放在嘴里头，钉在你们会所的柱子上，不走了，直到你们同意出会"，说着就把钉子放在了嘴

《天津天后宫过会行会图》中的道炬行香老会

里。会头一看要出事，最终答应了出会。

4. 乾隆钦点"大福来"

过去，西码头是从京城到江南的必经之地，民间流传着很多和皇室有关的传说，尤其是乾隆皇帝的故事。天津卫本地非常有名的"大福来嘎巴菜"，来历便和乾隆皇帝有关。传说，大福来在当时还是个不起眼没有名字的小饭馆，乾隆从北京来天津，到了三岔河口，感到饥饿疲乏，看到这小饭馆，打算落落脚，休息一下。不过此时已经过了吃饭的点，饭馆的饭菜都卖没了，只剩了点嘎巴。在本地，嘎巴是老百姓的家常便饭，吃的时候将外皮抹点酱，就着葱吃。开店的人不知道眼前的人就是皇上，看见有人要吃饭，不能错过赚钱的机会。他灵机一动，临时

门庭若市的"大福来"

想了个主意，把嘎巴摞起来，切成小块，搁点佐料，放在火上烩了烩，端了上去。皇宫里的山珍海味乾隆早就吃遍了，可从来没吃过民间的嘎巴菜。吃完之后，觉得味道独特，不禁龙心大悦，打发小太监赏赐饭馆。小太监还没进饭馆，就在外面大声喊："刘掌柜子，你大福来了。"赐了金银若干后，他忍不住好奇问："你给皇上吃的嘛啊？"掌柜子答："烩嘎巴。"打那以后，这嘎巴菜响彻津门，小店的名字就按照小太监喊的"大福来了"，取名为"大福来嘎巴菜"。

5. 妈祖娘娘显灵巧救善心人

过去，皇会的行会路线中要经过一条叫毛贾夥（伙）巷的街，这条街的名称也和妈祖娘娘的传说有关。

相传，清朝时期，在宫北大街上住了一个叫毛福生的人，他为人厚道，心地善良。平时靠在海河中打鱼为生。有一年秋天，毛福生不幸得了一场重病，借了高利贷的钱，并承诺要到腊月三十还钱。结果无力偿还，他不想连累家中的妻儿，便在腊月三十一早来到了娘娘宫的后院，找了个没人的屋子打算上吊寻短见。

这毛福生刚要把腰上栓的腰带解下来搭在屋梁上时，却发现在屋梁上已经绑好了一条绳子。他心中想，这是天要亡人了，便一梗脖子打算钻到了绳子里。突然这时候听见有人在后面说，这是我打算上吊用的绳子，你怎么用了。回头一看，是一个打扮得十分体面的中年人。这人说，你有什么想不开的告诉我吧，咱俩反正都是打算要死的人。毛福生便一五一十地将自己欠高利贷十几两银子的事情告诉了他。这人听了以后，苦笑着告诉毛福生，我当是多大点事呢，就十几两银子，你不用死了，把我口袋里的碎银子给你就够还债的了，你快回家过年去吧。毛福生千恩万谢，跪在地上给他磕了几个头。毛福生想，人家救了自己的命不能不声不响就走了，便对这人说，但是您要是信任我就和我说说您的困难吧。这人想了想说道，我叫贾思源，从山西太原来天津做生意，今年赶上年景不好，欠了钱庄几千两银子，现在天天有人上门要债，躲都躲不了。毛福生说，虽然我也帮不了您，但是为了表达您对我的救命之恩，我做顿饺子给您吃吧。贾思源说什么也不肯，只是一心要寻死。毛福生好言劝了几个时辰，才将贾思源劝好，答应吃了饺子再寻短见。

毛福生将贾思源带回了家，吩咐自己的妻子赶紧用贾思源给的钱买了面、肉、菜，打算包饺子。毛妻在擀饺子皮的时候，不小心将擀面棍掉到炕窟窿里了，怎么都取不出来。毛福生把胳膊伸到了窟窿里帮忙往外拿，好不容易取出来一看，却傻眼了，竟然是一根大金条。再看看窟窿里，擀面棍还在，一取出来又是一根大金条。就这么来回取了十几次，最后才把擀面杖取了出来，算了算足足有几千两。毛福生便对贾思源说，这些钱您拿去还债吧。贾思源说，这钱不是我的，我怎么能拿去用。毛福生说，要不是您刚才给我还债的钱，我可能早死了。我看今天是妈祖娘娘显灵了，给了我们俩一条生路。

后来，贾思源拿了钱还了债，生意越做越大。在宫北大大街的北口盖了很多房子，并将毛福生一家接到这里一起住。这中间的巷子，就以毛福生和贾思源的名字共同命名，叫了毛贾夥（伙）巷。

第二章

会 规 与 会 况

一、入会

百忍老会的会员分为上角的和不上角的。自1956年开始，这两种会员每人每月都需要缴纳会费，每月会员的缴费都有专门的表格记录，并张贴在会所内。会员缴纳的会费、社会各界的捐助、演出费、政府拨发的建设基金等共同组成老会的经费。会中有专门的财务保管，水钱、电钱、茶钱以及修葺表演用具款项都出自于此。目前，入会资格对会员的年龄、职业、地域、民族没有限制。原来对于会员居住地域有很大限制，必须是本地区的常住居民才能入会，俗称"老门口"上的人，新搬来的没有资格入会，已经参加过其他花会的不能再入本会。家离会所远的也不能入会，因为当时花会组织十分密集，住得远的人，很可能会转为参加离家近的花会，这样容易把百忍的技艺外传。百忍老会对会员的民族没有限制，会中曾经招纳过回民会员，平时出会、行会同汉族会员无异，但在进行号佛仪式时，为了尊重民族宗教信仰，一般请他们自行回避。对会员的性别老会一直有非常严格的限制，只能为男性，女性可以跟随老会一同出会，做一些会务工作，但不能进入会所或者学习技艺，甚至不能用手触摸表演器具。选择会员时，最重要的一点是人品德行，因为一直秉承"人能百忍自无忧"的会规，所以，爱打架斗殴、脾气暴躁、易生是非者百忍老会一概不予录用。

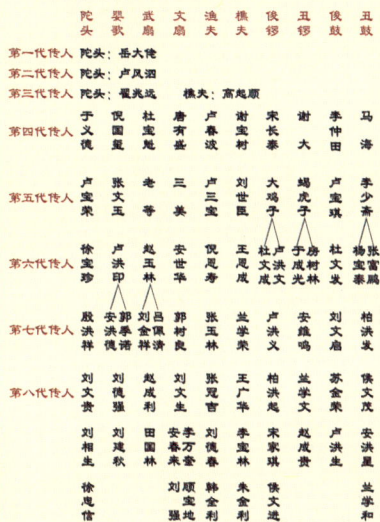

西碼頭
百忍 京秧歌老會
《代譜》

一八二零年由北京"蔡绍文"老先生,〈俗称蔡八爷〉,来到天津西头谦包店,组建了一支由民间青少年组成的"百忍"京秧歌会〈俗称高骁会〉,到目前以发展了八代传人。现将八代艺术传人记录在案以备后人留念。每代人都以陀头(俗称棒槌)为代表人物,由于时代年久底档很少存世,故从第一代至第三代每代只留有一两名艺术家为代表。

茶炊是秧歌老会的执士,走在秧歌会的前面同样是老会的一个亮点,担茶炊的人有相当高的技艺,担起茶炊来两头上下颤动,两袖、胯步、鼓点合在一起,两袖甩起来漂亮至极。茶炊是秧歌老会不可缺少的组成部分。

担茶炊的艺术家们自给建开始至今有:贾三爷、李季发、韩隐泰、赵玉清、田文清、卢宝安、郑鹤林(以上艺人均以去世)目前仅有两名艺术家:杨立柱、丁长东。

秧歌老会主要由十个角色来组成它们分别是:

	陀头	婴歌	武扇	文扇	渔夫	樵夫	俊镲	丑镲	俊鼓	丑鼓
第一代传人	岳大伦									
第二代传人	卢凤泗									
第三代传人	崔光远					高起顺				
第四代传人	于义德	倪国星	杜宝旭	唐有盛	卢鲁波	谢宝村	宋长泰	谢大	李仲田	马海
第五代传人	卢宝荣	张文玉	老三	三美	卢三宝	大鸡子	刘世臣	蝎虎子	卢宝琪	李少斋
第六代传人	徐宝珍	卢洪印 赵玉林	安世华	倪忠寿	王思成	杜文成 卢于成 村光庆	丛学荣	杜文发	杨宝泰	张富鹏
第七代传人	殷洪祥	安郭刘 洪学金 德清谱	吕佩济	郭村良	张玉林	丛学荣	卢洪久	安毓鸣 刘文启 益学文	柏洪发 苏金荣 赵成贵	
第八代传人	刘文贵 刘相生 徐忠信	刘德强 刘德春	赵成利 田国林 刘宝地 强地	刘文生 李万春 刘顺利	张冠言 刘德喜 韩金利	李宝林 宋家琪 侯文进 朱金利	王广平 柏洪起	俟文庆 卢洪生 安洪星	安洪平 丛学和	

殷洪祥、安毓鸣、刘金铭、丛学文、刘相需提供

杨家仁整理

2010年9月

百忍老会代谱

1.上角的会员

会员想学什么技艺，并不由个人决定，而要由会中的老前辈们决定。老前辈们根据学员的身体条件、长相、性格等方面因素进行考核，商量后安排适合的角色，并指定一名教授技艺的师傅。拜师时并没有特别的仪式，由会中的老前辈们口头交代就可以了。会中有一个专门的本子，每一个拜过师的学员会被记录下来。历史上，从第四代到第七代，会中重大的事情基本由谢宝树决定。

安排好每个人所学的角色后，老前辈们会将年龄差距不大的20人划为一大组，两个陀头、两个婴哥、两个文扇、两个武扇、两个渔夫、两个樵夫、四锣、四鼓，再按照角色从中分为两组，即每组一个陀头、一个婴哥、一个文扇、一个武扇、一个渔夫、一个樵夫、俩锣、俩鼓。平时20人在一起学习，最后根据掌握技艺水平的高低，选一半成为正式会员，去掉技术稍逊的另一半。不同的年龄阶段分为不同的批次，这样既可以使小学员一起磨合的时间久，比较有默契，也可以保证每个年龄段都有人能上角，呈梯队方式传承下去。过去想参加高跷的孩子多，有许多不在名册的孩子跟着一块儿练。不过，这样的事情不能让会中的老人们知道。为了能让10个角色配合默契，他们严格限制人数，20人为一组。最后经过筛选，技艺过关的小学员被纳为正式会员。

最后，要保证每一个角色的技巧并不由一人掌握，出会时基本上能保持三四人进行替换演出。但根据技艺水平的高低，代谱上记录每一代代表性表演者一般只有一人。

师傅传授技艺时要求十分严格，每一个学员在练的时候，边上至少有三四个会中的老前辈监督。每天的基本功有抻筋、踢腿、下腰、单腿跳、大蹲、小蹲、倒蹲、鹞子翻身等。再根据各自角色的不同，练习各个角色的技巧。练习基本功时可以在屋外进行，但在传授技艺要领时十分保守，必须在会所内进行，防止会外人偷学。

刚开始学艺先练队形，不绑腿子，十个角色在一起练配合。分着练的时候，要踩上腿子练个人的基本功。等队形和基本功都练到一定程度时，十个角色要在一块儿踩上腿子走队形。先学的是经常用到的动作，由易到难，如陀头先学铡草、蝎么脚、转棒、压棒、捯棒等。随着基本功不断加深，再一点点增加技艺的难度。

据会中老人讲述，刚开始练习踩腿子、绑腿子等基本功时，并没有师傅教，全凭自己看，自己练。比如，老会员们绑腿子的时候，小孩子在旁边看，然后通过个人摸索实践，学习技巧。现

独自练习的小会员

在会中的小孩儿们绑腿子，会中的老人们会一遍一遍教，有时还亲手给他绑上。据会中樵夫扮演者朱金利回忆，以前小孩子绑腿子的地方都选在墙边，绑完之后，翻过身来跪在地上，手扒着墙一点点站起来，再扶着墙走路，慢慢练习。

师傅传授技艺是用口传身授的方式，没有固定的口诀。看到哪里有不到位的动作，会马上指出来，并作出示范动作，纠正错的动作。学到什么

程度出师，并没有一个固定的标准。会中的老人们点头满意了才算可以。

学高跷基本是利用每个人的业余时间，一般固定在晚上七点到十点之间。有的会员白天有时间，也跑来会所练。一吃完下午饭，会员们就自己扛着腿子，到开阔地界儿练踩腿子。原来练习踩腿子的地方集中在南运河的河沿一带。为了适应不同的出会场地，要在沙子中、河坡边、甚至结了冰的河上练。那个时候的高跷腿子底部是铁抓子，因为基本都是土道，用铁抓子不滑。现在的道路多为柏油路，比较滑，为了保障行会时的安全，已经将铁爪子改为了橡胶底。

2. 不上角的会员

目前，百忍老会的正式会员有六十多人。其中，代谱上的第六代的会员已经全部去世，第七代有四人。会中除了能上角的十人外，还有不上角的会员五十人左右。这五十人中，大多数不懂高跷技艺，平时也不练习。但是他们爱会惜会，经常来会所，出钱出力，维护老会日常事务。在出会时，他们带象征百忍老会会员身份的箍，义不容辞地从事联络宣传、维持秩序、搬运等工作。如，会中的老会员杨家仁，一直以来承担着会中拍照、录像等宣传工作，为百忍老会留下了很多珍贵的影音资料。再如，副会头安维明，随着年事渐高，已经不太上角了，但利用业余时间，做了许多会中物品的修葺整理工作，对老会的后勤保障贡献很大。目前会中的主要负责人有以下几位：殷洪祥（会头）、安维鸣（副会头）、刘金明（财务）、刘相君（外联）以及兰学文（会催）。

二、出会

1. 出会前的仪式

　　每次出会之前，要有一个祭拜仪式。由会头率全体会员祭拜所供的关老爷，祈求保佑沿途平安，出会成功。祭拜仪式的程序是：先上香，然后进行号佛，唱诵五段"号佛词"中的一段。具体唱哪一段，要看出会的场合。原来，百忍高跷老会出会时的唱词有百余首之多，现仅存三十首，目前能唱出来的只有九段，且能唱的都是会中较为年长的几人。

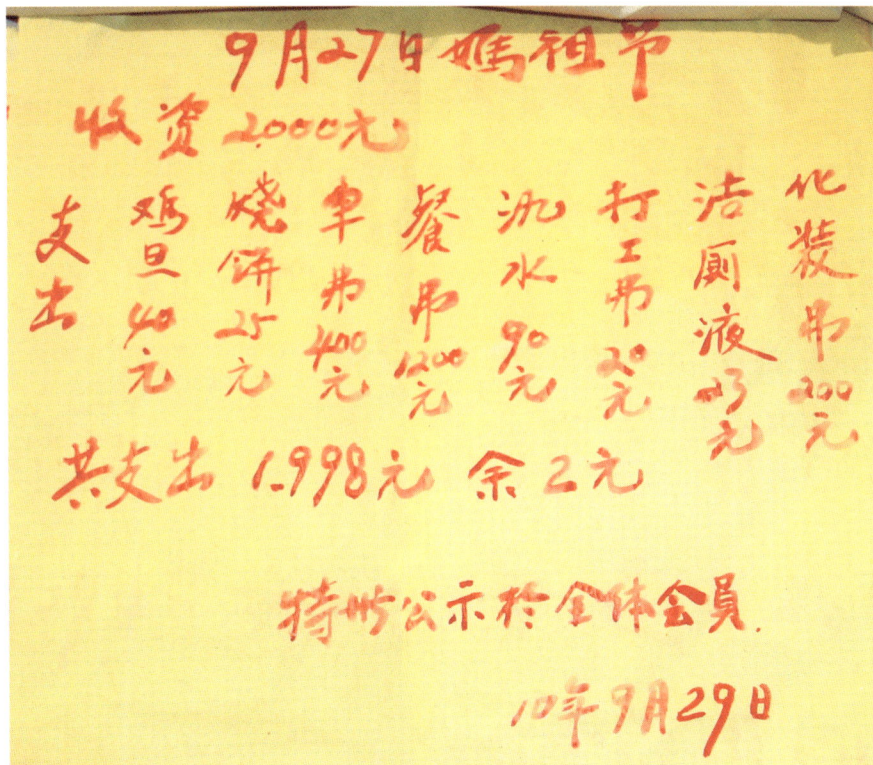

2010年妈祖节出会时的开销记录

2. 会期

皇会的日期是从每年农历三月十五日起到二十三日娘娘的诞辰日为止，共进行九天。每年的三月十六、十八、二十、二十二日各道花会有行会表演，三月十五、十七、十九、二十一、二十二这五日为各地民众自发组织的进香朝拜仪式。由于参加皇会活动的民众很多，所以对香客进香时间做了较为严格的规定，即农历的三月十五、十七、十九、二十一、二十三日为女子进香时间；农历的三月十六、十八、二十、二十二日为男子进香时间。

农历三月十六为"接驾日"，天后娘娘及为其伴驾的送生娘娘、子孙娘娘、瘢疹娘娘、眼光娘娘要被接到天后娘娘行宫。十八日为"送驾日"，天后娘娘及其伴驾要被送回天后宫。二十、二十二两日为"散福日"，天后娘娘及其伴驾要沿天津城进行巡游散福，各道老会、圣会伴驾左右，大显身手，各逞其能。

目前的出会日期已有所改变，由九天变为三月二十三日一天，接驾、送驾、散福均在这一天内完成。

3. 行会路线

庆祝天后娘娘三月二十三生日的皇会出巡仪式，一般由负责组织皇会的扫殿会提前几天通知所要参加的花会。够资格参加皇会的花会被称为"在会道"，入选皇会的标准是德高望重、历史悠久、技艺高超等。

娘娘出巡这天上午，在会道的各道会要在娘娘宫山门外的小屋里装扮整齐，按照顺序为娘娘上香后，才能跟着队伍出巡。行会的过程中，遇见截会的要停下来表演，所以历史上有这样的情形：第一道会已经走到西关街了，娘娘在庙里还没有起驾。其他没有被扫殿会邀请的花会，在那天也可以跟着出会，但不能在娘娘身边伴驾，这些会主要集中在估衣街一带。因为会挨着会，人特别多，会与会之间难免会产生矛盾，所以这个地点往往加派人手维护治安。另外，还有很多道郊区或者外省市的花会涌到娘娘宫来祝寿的。整个天津卫人山人海，热闹胜似过年。

行会的路线基本是绕天津城（狭义的天津城是指今天老城厢一带，东、南、西、北四条马路之间的地域）而行。每届皇会出会、行会的路线不同，接驾、送驾、散福三日所走路线不同，三日出天后宫和回天后宫的路线也不同。现以1936年皇会出会路线为例。（根据殷洪祥口述内容整理）

接驾路线为：出天后宫，走宫南大街、磨盘街、遂高大街（有时候也走磨盘街、袜子胡同）、东马路，进了东门，出西门，走西关街、横街子、北小道子、韦陀庙，最后到如意庵。

送驾路线为：从如意庵出来，进六和轩，穿铃铛阁，经太平街、针市街、估衣街、毛贾夥巷，过宫北大街，最后回到天后宫。

散福路线为：出天后宫，走宫南大街、袜子胡同，进东门，穿鼓楼，过西门、西马路、南阁、针市街、估衣街、锅店街、单街子、毛贾夥巷、宫北，最后回到天后宫。

目前的行会时间由九天变为一天，行会路线也有所改变，简化为：娘娘宫、宫南、城里鼓楼、宫北、娘娘宫。

4. 行会顺序

目前，各道花会的行会顺序和过去相比有很大改变，据尚洁的《皇会》一书记载，1936年的行会顺序如下：

宫音法鼓、天后宫道众行香、銮驾、大乐、灯扇、献灯、提灯提炉、日罩、天后圣母黄轿、护驾、灯扇、提灯提炉、日罩、眼光娘娘宝辇、灯扇、献灯、提灯提炉、日罩、子孙娘娘宝辇、灯扇、献灯、提灯提炉、日罩、瘢疹娘娘宝辇、灯扇、献灯、提灯提炉、日罩、送生娘娘宝辇。

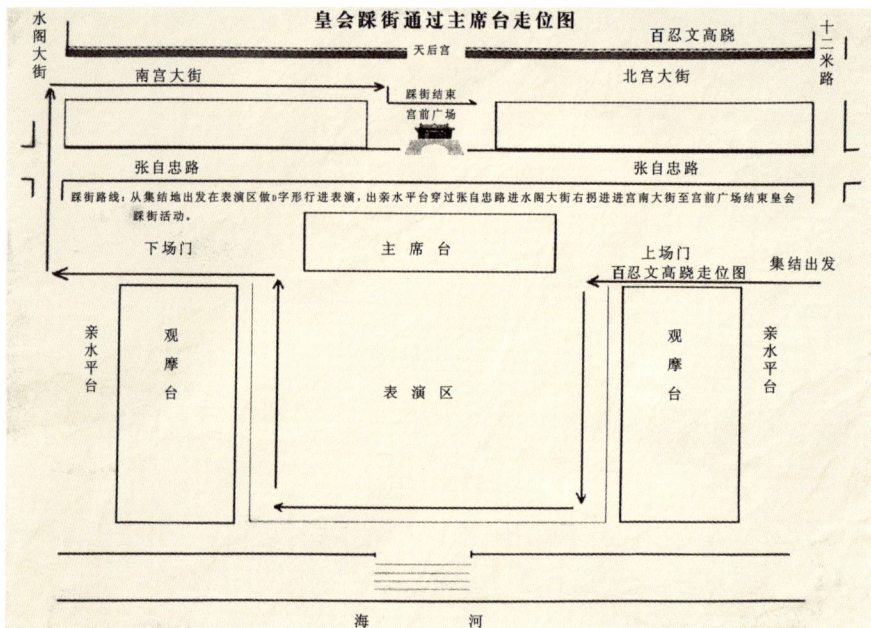

皇会踩街通过主席台走位图

2010年"皇会踩街"活动行会路线

香火鼎盛的天后宫

送生娘娘　天后娘娘　子孙娘娘

癍疹娘娘　眼光娘娘

1936年送驾日各道会次序依次为：捷兽、挎鼓、中幡、莘韵吹会、圣字灯亭、法鼓、西池八仙、老县署接香、灯扇、献灯、提灯提炉、日罩、癍疹娘娘宝辇、老县署接香、灯扇、献灯、提灯提炉、日罩、眼光娘娘宝辇、老县署接香、灯扇、献灯、提灯提炉、日罩、子孙娘娘宝辇、老县署接香、灯扇、献灯、提灯提炉、日罩、送生娘娘宝辇、金音法鼓、南门内接香、道众行香、永丰屯大乐、鹤龄、銮驾、提灯提炉、日罩、天后娘娘黄轿、护驾等。

出巡散福两天的出会种类和排列次序基本相同，依次为：净街、门幡、捷兽、挎鼓、中幡、太平花鼓、五虎杠箱、重阁、平阴法鼓、阵图会、和音法鼓、云照灯亭、鲜花法鼓、宫音法鼓、西池八仙、老县署接香、灯扇、献灯、提灯提炉、日罩、送生娘娘宝辇、同心法鼓、老县署接香、灯扇、献灯、辇主、提灯提炉、日罩、癍疹娘娘宝辇、永音法鼓、老县署接香、灯扇、献灯、辇主、提灯提炉、日罩、子孙娘娘宝辇、井音法鼓、庆寿八仙、南门内接香、灯扇、献灯、辇主、提灯提炉、日罩、眼光年娘宝辇、金音法鼓、南门内接香、道众行香、同和大乐、鹤龄、公议音乐、銮驾、提灯提炉、日罩、辇主、天后圣母华辇、护驾、扫殿会等。

清代天津天后宫宝印

三、会规

1. 传授技艺时的会规

现在的会员练习日定在每周二、五、日三天上午的十点到十二点之间，地点在弘丽园小区的广场及运河边的小花园。练习的主要内容是基本功、队形、配合等方面，并根据练习内容，决定是否踩腿子练。踩腿子主要是为了脚下有扎实的基本功，培养出会时遇到非常状况的应急反应能力。不踩腿子练主要是为了将动作做到位，队形走熟。踩上了腿子，人站得高，看见不到位的动作时，不方便纠正学习。除了练习日，会员也在平日进行揣摩和讨论，互相切磋技艺。

过去，各道花会之间对表演技艺方面非常保守。百忍老会在河边的广场上练习时，总会有其他花会的会员在一旁偷看，行内人称"捋叶子"。一般情况下，老会并不会受影响，继续练习，只是在传授精要动作和技巧时，必须回到会所，闭门秘密传授。

在学习基本功的初期训练中，摔跤是常有的事儿。但是会员们认为，自己手中这些老物件是老祖辈们传下来的，比自己的身体更宝贵，所以才有了"人摔了没事，别摔着家伙事儿"的说法。

在十个角色中，对陀头和公子技艺水平要求最高。虽然经常"熏"在一起，各个角色的动作每个会员基本都了解，甚至能比划几个，但是真能演好陀头和公子的人很少。公子的表情多，动作琐碎复杂，技巧难度高，巡场、逗花鼓等十分考验体力和耐力，没有经过长期系统的训练，很难演好。棒槌在场上起指挥阵形、控制节奏的作用，需要基本功过硬又有丰富上场经验的人担当。演得了公子和棒槌角色的人，稍加学习，就可以演出其他的角色。如殷洪祥师傅有三个擅长的角色：陀头、俊鼓、丑鼓，除此之外，其他的角色也能胜任。在1984年恢复后第一次出会时，殷洪祥因为腿脚的伤病，感觉打棒槌比较吃力，开始表演俊鼓、丑鼓和樵夫，这些角色相对来说强度小、动作少。

2. 出会时的会规

出会在外，要十分注意规矩，不能随便吃老百姓的东西，不能大声喧哗，更不能打架滋事。邀请出会的一方，摆的点心茶水等东西，会员在饥饿口渴时可以当场食用、饮用，但是绝对不能带走。如果会员中有抽烟的人，必须远离群众，找人少的角落吸。上了角色的会员，坐高凳休息时有固定的组合，陀头、婴哥坐一高凳，文扇、武扇坐一高凳，渔翁、樵夫坐一高凳，丑锣、俊锣坐一高凳，丑鼓、俊鼓坐一高凳。现在出会还严格秉承传统的会规，依照会员朱金利的说法："一化妆完，上好了腿子，我们就是那个角了，不是老百姓了。"

据会中会员回忆，上世纪50年代去天津市棉纺一厂、棉纺五厂演出。

出会时，角色按照会规依次坐在高凳上休息

对方不但车接车送，还准备了很多点心和恒大烟卷。当时有人偷偷地藏了很多烟带回家。他不是百忍的会员，只是住在西码头附近一个跟着玩会的人。有的会员就把这件事情告诉了当时的会头谢宝树，第二天，谢宝树托人将他叫到了会所里，告诉他以后不能再到会所或跟着出会了。

会员出会时必须戴百忍袖标，但在买东西、逛街的时候，必须摘下袖标来。过去百忍老会在天津卫十分有名，很多商家店铺一看到百忍的会员来买东西，会便宜一点或者干脆不收钱。为了防止别人说会员"找便宜"，所以办自己的事情时一定不能带袖标。

另外，会员出会时要注意自己的仪态和作风。有一次出会，会中有一位演樵夫的演员，因为拿着樵夫担子和一位女观众嬉戏，马上被会头勒令下场，并进行严厉的批评。

3. 在会所时的会规

按照会里的规矩，想参加会，首先要做到爱会，尊敬会中的老人，这也是老高跷留给后辈最宝贵的精神财富。

百忍老会的会规一直非常严格，会员们对会中的物品也必须做到十分爱护。平时出会用的物品要存在特制的大箱子里，不能让外人随意触摸。不能在会所里吸烟，要保持会所内的卫生。供奉神像的案几上不能搁杂物，要经常擦拭。

以会员们的话说，这百忍老会就像大海，东西扔到大海里容易，再想找出来那就难了。曾经有位会员，在会所的门口捡了一盒火柴，顺手把火柴放在会所的桌子上，走的时候，就不能带走了，只能留在会所供大家点香用。

会中的老人十分受尊重，新入会的小学员都要非常尊敬他们。小孩子排练时间久了难免会口渴，但是绝对不能用会中的茶壶喝水，吃的饭也是从家里自己带来的。会所一般不让小孩子进去，老会的小学员进了会所，也只能在门口站着，安静地听老人们讲话。如果会中没有人，凳子是空着的，小学员也不能随便坐。会所内禁止吸烟，烟瘾大的，趁着排练的间隙去离会所远的地方抽。上完角扮上妆之后，就完全不能抽烟了。

百忍老会的会规事无巨细，十分严格，经过代代相传，现在已经形成了书面文字，张贴在百忍老会会所内，全文如下：

西码头百忍京秧歌老会会规

我会自道光元年由蔡八爷传授至今，历经一百八十余年。蔡八爷为会取名"百忍"并立下许多规矩训诫，虽未成文，而被先辈世代恪守传承。为使我会更加适应时代要求，得以继承发展，弘扬光大，兹订立会规并予明文公示。遵照我会传统的"大家公议"原则，现经全会一致通过。望会员遵守为要。

一、会员要爱会，有义务缴纳会费，出资、出力、完善购置会内用品、用具及参与社会活动。

二、参练人员要服从教练指导，演练时不准打逗，在外不准参加其他花会。

三、教练只指导场面，在外不准传授技艺。

四、关于黄报。设摆或出会不待客不贴黄报、不下帖，下帖必待客。

五、关于号佛。出会必须上香号佛，对寺庙、商贾、寺宅必要时要选段号佛。

六、关于出会踩街。两会相遇，要提前换帖，望见会，就停住锣鼓点。会面时手彩举过头顶，会头、手旗要道辛苦，起点由二锣指使。

七、关于拜会和别会。要提前下帖，由二锣选场、部署演出程序，耍练要尽量卖力，别会要道谢。

八、关于接会和送会。打手旗走出多远，是否抢棒槌，要听从会头指使。接棒槌后要双手高举进入下处，耍练时双手送上棒槌。分别时要道辛苦。

　　九、演员在外要语言文明，举止端庄，不准吸烟；会员在外不准谈论友会短长，不准带袖标购物，不准私自以百忍名义联系事宜，领取财物，不准在会所存放个人物品。

　　十、出会遇到不愉快之事，要牢记会名"百忍"，克制礼让，本会对外财物、茶点一概不领。

西码头百忍京秧歌老会启

　　除此之外，老会还有一些不成文的规矩，虽然没有写进会规，但对会员也有一定的约束力。例如，过去一出会要用一天的时间，在饮食方面虽然没有禁忌，但是按照老前辈们的意思，食物要以煮鸡蛋为主。因为鸡蛋比较有饱腹感，且不容易上厕所。中途实在口渴饥饿的时候，可以吃喝一些点心挑子里的点心和茶筒里的茶水等。到了出会的地点，如果与对方会相好、关系密切，可以稍微吃一些点心。如果关系一般，不能吃对方的东西，只能喝点水。

　　每年快过年的时候，会员们都会来到会所打扫卫生。年三十晚上，在会所内掌灯。殷洪祥师傅家离会所比较近，所以基本每天他都来会所看看。每年的大年初一，很多会员会来到会所，大家互相拜年，为保护神关公上香上供，在屋内贴吊钱。

　　夏季出会表演结束后，衣服容易被汗水打湿，为了保持整洁、不出异味，会员们将穿过的衣服晒干，并喷上少许白酒来去除汗味，这样同时还有消毒功效。

四、会与会的交往

1. 拜会

百忍老会正在同其他花会交换会帖

　　会与会之间早年有拜会的仪式，表示互相尊重、交好，在民国时期最为盛行。拜会要提前一段时间通知对方，如果下午拜会，最迟应该在中午通知到，以免对方措手不及，没有时间准备。在会里专门有一个人负责下帖，现在因为拜会少，一般由会头下帖。收到拜帖的会需要马上准备好点心、鲜货，以表示礼貌和尊敬。过去用的鲜货一般是荸荠和鸭梨，削了皮，撒上白糖，在上面插上牙签。用这两种水果的原因是因为它们十分洁白好看，还能去火。现在基本上用的是苹果和西瓜。

　　拜会时使用的物件还有以下几种：

会帖

　　装会帖的帖盒是找专门的人订做的。尺寸为16厘米宽，28厘米长，2.5厘米高，材质为纸质，外贴深蓝色棉布，里贴红色棉布。除了装本会的会帖，还装有与其他会交换的会帖。目前会中的帖盒是根据民国时期的老款式翻做的。

　　百忍老会的会帖为长方形，尺寸没有具体的规定，大概为12厘米宽，25厘米长，印在红纸上。不同时期的会帖内容有所不同，但是一定都要写有会名。现存的老会帖有两种形式，一种写有"西码头百忍京秧歌老会"和"概不收礼"字样；一种印有"西码头百忍京秧歌老会仝拜"和"本会茶水点心一概不收"字样。现在使用的会帖为：中间竖写"西码头百忍京秧歌老会拜"，左下方写有地址"红桥区南运河弘丽园"，右下方为联系方式"电话二七五九三一四三"，每张会帖上都印有百忍老会会名戳子。会帖的作用相当于名片，拜会的时候，双方要互相换帖。两会在马路上相遇，也要换帖。会帖从帖盒中拿出，双方都要双手执帖道："辛苦，辛苦各位。"现在的会帖和过去的在尺寸上基本没有变化。

香袋及帖盒

　　香袋是桔黄色绸缎布做的小背包，尺寸为35厘米长，20厘米宽，包底下缀有黑色穗子，现在的作用是来装帖盒，出会时由会头背在肩头。但根据会中老人介绍，香袋最早不是用来装帖盒的，而是装香烛用的。过去相互之间拜会，如果两方关系好，对方招待周到，拜会一方为了表示感谢，要从香袋中取出香，为对方举行号佛仪式，并上香表示尊重。

百忍老会待人和善，不代表在互相表演的时候留有情面，两会相拜，各会都要耍上一段看家本领，大家互相切磋，提高技艺，形成良性竞争。拜会在过去就像走亲戚一样，讲究礼尚往来，有会登门拜访了，被拜的会也要进行回拜。如果是高跷会之间的拜会，要有一种抢棒槌的仪式。高跷里掌管节奏和阵形的人是陀头，拜会的人来到对方的会所，要耍棒槌。被拜人要象征性地抢过来，这是为了表示尊敬，要对方多休息的意思。如果两个会关系好，抢棒槌只是象征性的动作。要是遇见关系不好的会，需要来回地抢几番。如果拜会的人存心不让对方把棒槌抢走，会在对方抢走后，再取出事先准备好的另外一副棒槌继续表演。由于受一些客观因素的制约，现在拜会的形式已经非常少见。

拜会的时间一般从早晨九点钟开始，到晚上十一二点结束。在这一整天中必须踩着腿子，带着妆，无论路途远近，一路全靠步行。许多会员到家以后，腿子解下来，脚上完全没有力气，甚至短时间内无法行动。因为西码头百忍老会在天津地位显赫，所以当时前来拜会的花会不计其数，曾经出现过一条胡同里有两道花会同时等待拜会的场面。但百忍老会有"老高跷不拜客"的规定，所以拜会只是对其他花会的一种回拜。原来经常来拜会的有崔家大桥同心高跷老会、西头芥园花音法鼓鲜花老会、北门里老县署混元盒高跷老会等。

此外，拜回民的会禁忌要多一些。虽然对方准备好了吃的、喝的，但是拜会的人却一点都不能沾。回民的会来汉民的会拜会也有很多讲究。有一次，有一道回民的会来百忍老会拜会，百忍提前准备好一次性的杯子和从回民店买回来的点心。一般点心要买桂顺斋的，不能提前拆包，要等回民来了自己打开包装。如果有吃不完的情况，要将点心一起带走。从头到尾，汉族老会的人都不能用自己的手触碰点心。

如果会中设摆，也可以邀请别的会参加，这也是一种拜会的形式。百忍老会最近一次设摆在2002年10月1日，是在刚搬到目前所在会所的第一年。这一年百忍老会在小区内搭了棚子，没有出会，也不待客，只是自己的会员庆祝。不待客、不出会的设摆不贴黄报。如果贴了黄报，有别的会看见了，前来拜会，百忍就要招待他们。黄报是用整张大的黄纸做成，内容大致包括：设摆的花会名称、设摆的地点、设摆的日期等。

2. 截会

截会者主要是指那些大的商号、店铺或者豪门富绅。每到庙会、皇会的日子里，他们便在自己的门前准备好点心、茶叶，看到有花会经过，挑选自己中意的截住，请他们在自己的店铺或者住宅前进行表演。

头锣

花会表演结束后，截会者用事先准备好的茶叶、点心进行答礼。过去，截会有严格的礼仪和规矩，通常截会者要提前下帖送至会所内，同会头换帖后，才能提出表演的要求。

听会中老人们讲，有一次百忍高跷老会去估衣街出会，元隆绸缎庄早就同百忍老会换了帖，预备好了津八件和水果等物品摆在门口。隔得很远听见锣鼓声音，绸缎庄的老板差店内的小伙计去打探是不是老高跷来了。小伙计粗心大意，回来告诉掌柜，不是百忍老会，老板叫人把门口的食品水果收了起来。百忍老会来到绸缎庄门口，看没有人截会，便直接走了。后来，元隆绸缎庄的老板知道了这件事，心中十分过意不去，就请卢恩地（卢四爷）专程提着点心、茶叶来会中赔礼道歉。请卢四爷前来也是有原因的，过去花会中要讲求一个"面子"，卢四爷和两边都有一定交情，是百忍老会中老会董卢春波（卢二爷）的弟弟。

截会的习俗由于种种历史原因，在解放后中断过，大概在2007年的时候重新恢复。现在每年正月初八在估衣街，正月初五在和平路都有截会的习俗。百忍老会并不是对所有截会者的邀请全部接受，一般只给有交情的人表演。例如，在估衣街只给元隆绸缎庄进行表演。截会者通常要给予200-500元的报酬。

3.会会相见

过去，会与会相见时经常会有冲突摩擦，甚至发生打架行为。最主要的原因，是由于某些花会不懂会会相见的礼节所致。在出会的过程中，如果两道会碰面，无论老会、圣会还是新成立的会，一定都要马上停止锣鼓点。将各自的"手彩儿"高高举起来，纷纷点头，表示尊敬。如果正在表演时遇见其他的会，那头锣也要停会锣，示意后面的会员马上停止表演。双方的会头要走上前去，向对方拱手礼让，互道"辛苦辛苦"。一般情况下，资历较轻的会会请资格较老的会先行。两会离开以

会会相见时需要将"手彩儿"高高举起以示尊敬

后，要确保完全走出对方的视听范围，才可以重新响起锣鼓点。但如果一方不懂规矩，相遇时继续表演或者不举起手彩儿，那双方势必会互不相让，甚至发生不愉快的事情。据会中老人听说，在清朝出会时，很多会都要随身携带刀子。如果行会时，双方产生矛盾，动起手来，高跷表演者会马上用刀子割断绑腿子的棉绳，同对方打架。虽然这种情况发生的较少，而且携带刀子也不是用来伤人，但是足以看出出会时会规的重要性。

4. 会会渊源

在西码头花神庙附近，有道叫学忍小高跷的花会，这道会成立于1911年，由高起顺创建。据说创立学忍的起因，只是因为百忍内的会员之间产生了摩擦。原来在百忍中扮演樵夫的高起顺，一气之下带了一拨人自立门户，称为学忍小高跷。本地的许多小孩子都在学忍中学过高

跷，这个会有为小孩准备的尺寸较小
的服装和较轻的表演器具，当时练习
的主要地点在大堤头。

虽然最初两会有分歧，但是因
为玩高跷的人本身都粗枝大叶，性格
豁达，很快两会便将此事遗忘在脑
后，重归于好，甚至小高跷成了为百
忍老会高跷输送人才的"预备队"，
学忍的会员会经常带着自己的小会员
去百忍老会找会中的老人指点技艺。
目前，百忍老会的很多会员都有过小
时候在学忍学习高跷的经历，如朱金
利、兰学文、张冠吉、赵成利、王广
华等。百忍老会中第七代樵夫的表演

老县署前公议混元盒高跷老会的清代牌匾

者兰学荣，也曾经主持过这个会。参加学忍的小会员都具有一定的基本
功，在"文革"后，百忍高跷恢复起来，原来参加学忍的小会员已经成
了青壮年，他们重拾技艺来到百忍表演，为百忍注入巨大的活力。学忍
这道会存在了大约几十年的时间。

西门里民乐混元盒高跷老会成立于清朝乾隆年间，表演的内容是张天
师捉拿"五毒妖"的故事，表演人数有12人，分别为头棒"蜈蚣精"、二
棒"蝎虎精"、坐子"红蟒精"、樵夫傅万年、白杆"白狐精"、公子赵
国盛、青杆"青狐狸"、渔翁傅老、俊锣"蝎子精"、丑锣"蛤蟆精"、
头鼓"青石怪"及尾鼓"白石怪"等。天津民间对五月节（端午节）相当
重视，因此对混元盒高跷表演的祈福禳灾内容十分喜爱。这道会同百忍老
会关系十分要好。在过去，一般情况下，表演者一旦绑了腿子是不允许随

与普乐虮蜡庙老会的合影

瞎子逛灯老会（20世纪80年代）

便卸腿子的，表演过程中如果劳累了，只能借助高凳休息。但是如果两会关系甚密、交往非同一般，邀请的一方会亲自给对方将腿子卸下，邀请对方喝茶、吃东西并好好休息一番。历史上，在拜访混元盒高跷老会时，百忍曾经卸过腿子，这也是唯一一次出会卸腿子。

与百忍老会关系交好的会除了西门里民乐混元盒高跷老会、老县署前公议混元盒老会、普乐虸蜡庙老会外，还有瞎子逛灯高跷会，会中的主要人物有两个瞎子、酒保及表子老爷等。此会最具代表性的人物是扮演表子老爷的傅八爷，此人可以站在高跷上，五分钟纹丝不动。这道会来到百忍老会拜会，走到门口并不响锣鼓点，直到进了会所，拜完会，行完礼数之后，才会响棒槌开棒，进行表演。

五、会与民商的关系

过去，每道会背后都有几名非常有钱有势的人来维持。在这些人中，支持花会的心理有所不同。如，在清朝咸丰初年形成的八大家，是当时的津门富豪，他们通过赞助花会，提高自己家族的声势，既能向皇上表明忠心，又能向天后娘娘祈福，还能炫耀自己阔绰的身份。当时，八大家在城区的房子基本集中在东门里一带。他们在妈祖生日的这天，一早在自家门口摆出糕点、茶叶、水果，看到喜欢的会，马上截住，要求他们表演。

清朝咸丰初年形成的八大家分别为：天成号韩家、益德裕高家、杨柳青石家、土城刘家、正兴德穆家、长源杨家、振德黄家、益照临张家（即海张五）。目前，天津估衣街上的老八大家，只剩下穆家的正兴德茶叶庄，其余的七家已经退出了历史舞台。

清代八大家之———石家

估衣街上的正兴德茶叶庄

除此之外，还有一部分家境阔绰的纨绔子弟，他们有钱有闲，想通过捐助金钱得到百姓的尊敬恭维，达到心理满足。还有一部分大商家、店铺也有截会的风俗，他们往往要花会在自己的门前表演，以聚集更多的人气。除此之外，还有一部分民间的善男信女，他们往往对妈祖非常崇拜，对自己门前的花会又有一种特殊的感情，因此，每每出会，他们便自发捐钱捐物，虽然数量不多，但是却十分及时，对于花会的发展有很大的帮助。

时代变迁中，像八大家或者富豪子弟资助花会的形式并不多见，更多还是有识之士的爱护和关心，如，天津美术学院的孙桂荣副教授对百忍老会情有独钟，在2010年上半年捐助了4000元钱，并且为每个角色置办一套衣服，他经常来会中看会员们表演，直到2010年8月去世。

会中的会规虽然规定女子不能入会，但是一直以来百忍老会的发展都离不开"老门口"的女子们。原来在百忍出会后，很多村上的妇女会帮助老会的会员整理修补所用的服装和道具。有的人还不计报酬地帮助会员们化妆盘头，出会时送茶送水。

第三章

程式与技艺

百忍高跷老会按照表演内容形式的不同，可分为前场儿和后场儿。前场儿在行会中走在十个角色的前面，主要包括设摆器具和茶炊子，起到一种仪仗作用。后场儿是指扮演梁山好汉及公子的十个角色。

一、角色

百忍老会所演的故事是梁山好汉神州会，捉拿歹徒任宝童的故事。纨绔恶少任宝童，欺压百姓，与梁山为敌，在神州设摆擂台，九位梁山英雄乔装改扮为打花鼓的艺人下山，潜入神州，大破神州会，最终活捉任宝童。这段故事，本是一场凶杀恶斗，九个正面角色同一个反面角色在同一空间，运用巧妙的阵形，细腻的表情，突出人物鲜明性格的表演，巧妙地将"斗"改为"逗"，最后在逗花鼓中将整个表演推向高潮，以抓住任宝童圆满收场。

十个角色分别扮演的是：

陀头（又称棒槌、大头行）——花和尚鲁智深；婴哥（扮演卖豆人——矮脚虎王英；武扇（又称公子）——恶霸任宝童；文扇（扮村姑，又称老坐子）——母大虫顾大嫂；渔夫——混江龙李俊；樵夫——菜园子张青；俊锣——一丈青扈三娘；丑锣——母夜叉孙二娘；俊鼓——浪子燕青；丑鼓——鼓上蚤时迁。

6.武扇（公子）

7.俊锣

8.丑锣

9.俊鼓

10.丑鼓

1.陀头（棒槌、大头行）

2.婴哥

3.渔翁

4.樵夫

5.文扇（老坐子）

二、表演程式

会中管指挥的锣有两种，一种叫头锣，一种叫二锣。头锣指挥前场儿，掌管头锣的人一般是老会头和老前辈们；二锣指挥后场儿的十个角色。表演开始和结束都由二锣决定，二锣指挥陀头，什么时候示意表演停止，陀头才能停，其他九人才可以按照陀头指令结束表演，不然要一直变换新的阵形进行表演。开场时，二锣击响"铛铛铛……"稍作停顿后再"铛铛"响两下为信号。结束时，以"铛铛"响两下为信号。中途敲一下"铛"，是行会锣。二锣由会中德高望重且又对出会场面熟悉、经验丰富者担当。

表演的场地分为上场门和下场门。演出时，如果百姓围成一圈，在会的周围观看表演，那以二锣所站立位置为上场门。随着新表演形式的增加，如果是比赛或者游行，那以主席台方向为"上场门"。如果是舞台表演，那以观众席方向为"上场门"。下场门是与上场门相对的方向。

表演的阵型有以下几种：圆场、分场、单加篱笆、双加篱笆、五角子、月牙篱笆、插花篱笆、定桩篱笆、乌龙摆尾、转螺丝、巡场、逗花鼓等，整套动作表演下来，大概需要两个小时。所有阵势变换都要听陀头指挥，步伐要按锣鼓点来走，每个阵势对应着一个锣鼓点。整个表演中，变化最多的是陀头，除了走圆场和分场外，其他所有阵势都要听陀头指挥。在表演过程中，十个角色要时刻注意陀头手中棒槌所打的点，随时变换队形或者停止动作。如陀头将棒槌打两下，称为"扣点"，所有乐器必须马上停住，仔细听候陀头的下一步指令，做出相应的动作。每到一个阵型快要结束的时候，十个角色需要特别集中精力，随时听陀头的指令，转换阵形。

1.圆场

　　出场时要先走圆场,十个角色由陀头带领出去。顺序是:陀头(又称棒槌)、婴哥、武扇(又称公子)、文扇(又称老坐子)、渔夫、樵夫、俊锣、丑锣、俊鼓、丑鼓。圆场是以棒槌为先,十个角色首尾相接转成一个圈。

2.分场

　　圆场之后两两一对,分别是陀头——婴哥,公子——文扇,渔翁——樵夫,俊锣——丑锣,俊鼓——丑鼓,从圆场变为分场。随后,婴哥带领一队人是文扇、樵夫、丑锣、丑鼓;陀头带领一队人是公子、渔翁、俊锣、俊鼓。婴哥走到陀头队伍的最后俊鼓身后,首尾相接,走一个圆圈,又由分场变成圆场。当陀头走到后场门时,有打棒的动作,俗称"打场子",至少要打半圈。花会表演的场所,往往围观的人比较多而且拥挤。通过打拐棒可以使观众往后退让,把表演的场地扩大,防止在表演的过程中伤到观众。陀头在打拐棒的时候,其余的九个角色各自表演各自的动作，这是一个集体亮相的过程。当陀头从下场门打到上场门后，开始叫板。叫板的动作是连击手中的棒槌"梆梆梆梆梆"，这是为了引起表演者和观众的注意力，同京剧中的叫板有相似的作用。稍微停顿后再敲两下"梆梆"，这是表演慢节奏单加篱笆的信号。

3. 单加篱笆

单加篱笆分为两种，一种是慢节奏单加篱笆；一种是快节奏单加篱笆。两种阵形中，表演的动作、程式相同，只有节奏不同。

单加篱笆中，十个人中有五个人回头，面朝反方向，分别是陀头、渔翁、俊鼓、文扇、丑锣，隔一个一回头。陀头将一只棒槌向前指，另一只背在身后，前手棒槌可以为过来的其他角色指引方向，当每与一个人交汇的时候，将前后手棒槌交换位置。单加篱笆走过两圈以后，陀头将棒槌响两下，变为快节奏的单加篱笆。快节奏的单加篱笆场面火爆，锣鼓四件要有挥舞手中器物的动作，称为"飞锣"、"飞鼓"，其他的六

快节奏单加篱笆，十个角色"飞起来"

个角色也要将所有的手彩儿耍起来。当表演达到一个小高潮时，陀头到场中间打棒槌，锣鼓扣点。随后，棒槌打"梆梆"两下，恢复老三点，开始走圆场，顺序是：陀头、武扇、渔翁、俊锣、俊鼓、婴哥、文扇、樵夫、丑锣、丑鼓。这时依然要集中精力听陀头指挥，根据陀头击棒的方式决定下面的阵势。

4. 五角子

接下来如果陀头打"梆梆梆梆梆"，再连打"梆梆梆"三下，阵势要变为慢节奏五角子。走五角子时，十个角色要走八字形，具体阵形为：五人正方向走，五人反方向走，第一个人同第二个人交叉着走过以后，第二个人和第三个人交叉走……同时，第一个人又要同第四个人交叉走，要至少走一个完整的来回。陀头又打"梆梆"两下时，队形转变为五角子的快节奏，锣鼓四件要"飞起来"。当场面再次被调动起来时，陀头下场冲着上场门打棒槌，具体打多长时间要根据锣鼓的点。但是无论打多久，等到锣鼓扣点前，文扇都必须马上找到陀头站立的位置，同他背靠背站在场地中间。陀头再打"梆"一下，五角子的快节奏结束。这时，十个人分为五组，每两个角色一对站成正方形的队形，婴哥和文扇一对，渔、樵一对，丑锣、丑鼓一对，俊锣、俊鼓一对站在四角，正方形中间站的是棒槌和公子。这时，如果陀头直接打"梆梆"两下，十个角色恢复圆场，顺序是：陀头、武扇、渔翁、俊锣、俊鼓、婴哥、文扇、樵夫、丑锣、丑鼓。

5. 插花篱笆

陀头转身逆时针方向走向下场门，婴哥转身顺时针方向走向下场门。身后的文扇、武扇跟着走向前，在上场门的正中间交换一下位置，分别转身往下场门方向走，遇见后面过来的渔翁、樵夫后再在中间交换一下位置。换过四次之后，各个角色重新回到了各自的纵队里，陀头的身后跟随的依然是武扇、渔翁、俊锣、俊鼓，婴哥身后跟随的依然是文扇、樵夫、丑锣、丑鼓。走完一遍以后，队形由插花篱笆改为定桩篱笆。

6. 定桩篱笆

当两支队伍中最后一位的俊鼓、丑鼓走到下场门时，站定位置不动，这时过来的陀头、婴哥围绕着俊鼓、丑鼓转一圈后，在他们前面定住不动，再过来的渔翁、樵夫转完前面四个人后也定住不动，随后过来的文扇、武扇转过前面的六人后再定住不动，最后过来的俊锣、丑锣转过前面的八个人后定住不动，这算是一个轮回。最后一队的俊鼓、丑鼓再转着往前，以此类推……当陀头和婴哥转到最前场的时候，陀头不下场，锣鼓不扣点，陀头直接打一下"梆"。陀头带领身后的一队往逆时针方向走，婴哥带领身后的一队直接跟上陀头一队的俊鼓，整个队伍又变成完整的圆场。

7. 乌龙摆尾

所有角色像一条长龙依次从下场门上场，以逆时针方向往上场门方向行走，当陀头走到上场门靠近中间位置时，要表演一个空蝎么脚的动作，然后转身贴着其他九个人所围成的圆圈内侧反方向往回走，当又走到上场门位置时，再表演一个空蝎么脚的动作，然后回头，逆时针方向走九个人围成的圆圈外侧，整个队伍又走成了一个圆场。当陀头走到下场门时，转身沿直线走到上场门位置，和婴哥走成一对。整个队伍变成了俩俩一对，分别是陀头——婴哥，武扇——文扇，渔翁——樵夫，俊锣——丑锣，俊鼓——丑鼓。等十个人站齐以后，陀头响一下棒槌，带着身后的武扇、渔翁、俊锣、俊鼓往逆时针方向转，婴哥带着身后的文扇、樵夫、丑锣、丑鼓往顺时针方向转。当两队同时到达下场门后，陀头开始连击棒槌"梆梆梆……"稍一停顿打"梆梆"两下，然后开始打"闷点"，这时候鼓要敲鼓帮，锣要敲锣边，乐器演奏的还是老三点，

下对公子逗老坐子

但是还不能十分响，这是为了突显十个角色腿子上的铃铛声。这时候，如果所有人走的拍子一致，铃铛的响声十分整齐且有节奏，发出"哗、哗、哗"的声音。如果有一个人走错了，那在所有的铃声之中也是十分刺耳的。

乌龙摆尾少走一半小圈，叫月牙篱笆。这时候两队人相遇，陀头先走外环往逆时针方向走，婴哥走里环往顺时针方向走，两队走半个圆场后在下场门方向相遇，开始呈波浪形同对方交叉行走。当两队都走到上场门后，分别回头，走波浪队形。走一圈后，陀头回到上场门必然会遇见婴哥所带领一队的最后位置上的丑鼓，这时候陀头指挥，将慢节奏月牙篱笆改为快节奏月牙篱笆。慢节奏月牙篱笆同快节奏月牙篱笆的阵形一样，只是节奏不同。当陀头打完快节奏的月牙篱笆，回到上场门的左边位置时，而其他人也走成了俩俩一对的阵形。这时候锣鼓要扣点，陀头不下场，直接打三下"梆梆梆"，队形改为双加篱笆。双加篱笆同插花篱笆、定桩篱笆是一套动作，三种阵形衔接紧密，一气呵成。

8. 转螺丝

陀头敲"梆梆梆梆梆梆"，婴哥顺时针方向带着文扇、樵夫、丑锣、丑鼓走里圈，陀头逆时针方向带着武扇、渔翁、俊锣、俊鼓走外圈。需要注意的是表演时脸都朝外，步伐要横着走。逐渐由大圈变小圈，当圆圈小到实在不能再小的时候，逐渐再往外放大。当圈放得足够大时，陀头和婴哥交换一下，陀头一队走里圈，婴哥一队走外圈，重复刚才的动作，再由大圈变小圈，小圈变大圈。随后，十个人走成圆场后，转到下场门停住，等待接下来的阵势逗花鼓。

9. 逗花鼓

逗花鼓的时间比较久，这非常考验武扇演员的体力。如果表演完整的四番，大约需要一个小时，现在基本只表演逗两番，也得需要半小时。在逗花鼓中，武扇是主角，一个人分逗四个人，分别是丑锣、俊锣、丑鼓、俊鼓。这时候，除了参加逗花鼓的五个人外，剩下的陀头、婴哥、渔翁、樵夫、文扇都要在下场门处等待。

逗花鼓结束，陀头从下场门走到场地中间，表演一个打八下的动作，结束整场表演，表示任宝童被梁山好汉擒住。

因为阵形变换完全是根据十个角色来编排的，每个角色都有自己的动作、位置和作用，如果缺少一个角色，队形就无法变换，可以说场上的十个人缺一不可。

除了这些阵势，也可随时根据演出场地进行动作上的变化。当出会的路线要经过细长的胡同或者走廊时，表演者需要走一字长蛇阵（又名拿龙）的阵形。陀头走到胡同头以后，一响棒槌，转身往回走，这时候需要和其他九个角色左一个右一个穿插着走。进行完一轮以后，陀头再

下对公子逗渔翁

以同样的方式转回到队伍的前方,然后打一下棒槌结束。

20世纪50—60年代以前,各个角色在表演的过程中需要演唱唱词,每个角色的唱词不同,大部分是以对答的形式演唱。目前出会,这种形式已经改变,会唱词的人非常少了,基本不再演唱。

百忍老会的高跷点种类比较多,基本点是老三点,除此之外还有刚上场时的起点(上会点)、三点、单加篱笆第一套慢节奏、单加篱笆第二套快节奏、五角子第一套慢节奏、五角子第二套快节奏、月牙篱笆第一套闷点、月牙篱笆第二套(与单加篱笆第二套快节奏相同)、双加篱笆一套、转螺丝一套、公子逗文扇一套、公子逗花鼓跳花沟点一套、公子逗花鼓快节奏点一套、公子逗花鼓慢节奏点一套、公子逗花鼓四撞头点一套、鼓子插扦点一套、棒槌八下点一套、唱腔扣点,最后用下会点结束表演。

三、唱词

过去，百忍在表演时有唱词的形式，唱腔有浓郁的地方特色，唱词的内容富有生活情趣，并且极具口语化，题材既有神话传说，如《八仙上寿》《白猿偷桃》，有戏曲故事，如《大西厢》《孟姜女》，有起一定教化作用的《男十条》《女十条》，还有具有宗教色彩的《南无阿弥陀佛》等号佛唱段。这些唱词或教人向善，或乐观奋进，或庄严肃穆。

现在整理出来的唱词有三十一段，其中五段是号佛时的唱词。以前，老会中的唱词多达五六十段，在拜会或出会前演唱，现在拜会机会少了，出会时表演时间短暂，基本没有演唱的机会。殷洪祥会唱其中五段号佛、五段唱词，其余的会员只会唱部分号佛，其他唱词基本不会演唱。下面为为部分唱段：

（一）大西厢（群曲）

头陀：阿讴阿，谁是我者，头陀和尚惠明僧，我在那普救寺内出家，带发修行。

武扇：来了个科考的举子，名叫张君瑞，路过普救住在寺中。

俊锣：莺莺小姐来还愿。

丑锣：手下的丫鬟名叫秀红。

丑鼓：来了个独霸山贼孙飞虎，堵着寺内要莺莺。

文扇：老妇人闻听无有主意，站至在两廊之下有语高声，有人退去贼兵许配小姐。

武扇：张生答应学生愿从，写一封书信，白马将军请。

俊鼓：请来了白马将军惯战能征，贼兵退去。

文扇：老妇人更改，不提那婚姻之事，兄妹相称，到头来（合唱）张生赶考莺莺送来你看，饯行分别就在十里长亭。

（二）夸马（渔翁）

阿讴阿，谁是我者。敬德黑汉气长嘘，尊一声黑白夫人我的妻，在朝为官哪有民安乐，不如辞官去闲居，夫妻二人正讲话来你来看，起外边，跑进来，小琴童，喘嘘嘘，忙跪倒，说的是，不好了，死去爷家槽头拴着、征南战北、日抢三关、夜夺八寨、险跳红泥的宝御乌骓战马一匹。

（三）打朝（渔翁）

阿讴阿，谁是我者。尉迟恭好心焦，我拳打了谗臣李道宗才把我的怒气息消。唐天子偏向自亲忘了我的汗马呀，他就要推出午朝门外要把我的首级削，多亏了军师徐廷茂保奏了一本，赐予我犁一张，牛两条，板青儿荒田，耕种锄刨。闲了来柳荫之下我垂钩钓。

忽听那，人又喊，马又叫，人喊马叫闹闹吵吵。我扭项回头仔细观看，原来是薛礼儿白袍来访故交。我慌了又慌，忙了又忙，跳下船来一把手拉住了贤弟，细问根苗，你不在长安保圣主，来之在麻邑小县所呀为哪条？

白袍说，今有铁里金亚身呐造反，我奉请尉迟老将军，就灭了它的根苗。敬德说，一路风霜你白来一趟，我的耳又聋，眼又花，老命苍苍我就要见阎王。白袍说，能叫你名在你人呀别在，你若是有人无名，你还称得什么英豪。这句话，恼怒了这位黑煞帅来你看，遭了贬的敬德，奉旨还朝。

（四）八黑（丑鼓）

阿讴阿，桥山英雄郑子明，单鞭救驾尉迟恭，熊阔海力举千斤寨，李逵绰号黑旋风。铁面无私包文正，呼延庆本是佛家圣僧，喝断了当阳桥那位张翼德来你来看，乌江自刎楚林童。

（五）八白（俊鼓）

阿讴阿，梁山好汉数花荣，杨六郎镇守三关城。白马银枪高士纪，长坂坡前赵子龙。丁延平双枪无敌手，小将罗成日锁五龙。跨海征东薛仁贵来你看，伍子胥斗宝在临潼。

（六）男十条（武扇）

阿讴阿，合众列位请听着，我把那西码头老会描一描，有一位棒槌陀头本姓岳，终天每日不辞劳，教了个带发陀头头前引路，十八路的棒槌先打果脑；小二哥的倒跳蹲桩把二龙戏，元宝框儿一抖马鞭一摇；乐得公子手舒春扇把双锣子叫，巡场儿见了陀头吓的他是毛苣；老坐子扭扭捏捏把二哥喊，你的爸爸转扇拉耙又把花鼓学；渔翁手舒鱼竿把竹篮挎，钓上来金色鲤鱼手中抄；抄着间一小琴童把双双踩子跳，金泊拉叶用那黄绒丝绦；樵夫侧练八字把日月照，腰掖板斧肩担荆条。锣鼓打的本是老三点，唱了个群曲是那白猿献桃，大返场乌龙摆尾缺少一面，双加篱笆摆山式是那果然道高。此地公益都把卫高跷练，京式的秧歌按照神州会学，在场不守会规把香上来你来看，蔡八爷留下例上十条。

（七）女十条（文扇）

阿讴阿，谁是我者，老坐子命儿薄，寻了个傻公子的男子，他是个乐哥儿；所生二哥年纪小，跟着他陀头舅舅学把酒喝；大伯伯渔翁年纪迈，终朝每日在江河；小舅子樵夫分家另过，终朝每日荆条棍儿割；两个姨妹生来俊，不学针线学会了打锣；两个姨兄学会了打鼓来你看，十个人凑上一伙京秧歌。

（八）酒色财气（武扇）

酒色财气非等闲，杜康造酒万古传；刘伶醉太白贪，岳阳楼醉倒一位吕神仙；君子人贪酒失礼仪，小人贪酒发狂言；劝君莫贪无意酒来你看，酒大伤身后悔难。

（九）渔樵耕读

公子：夏日炎天微风刮，游春公子去观花，观见山前倒有松柏树，沟塘里开放粉莲花。

  渔翁：渔翁撒网船头站，得鱼欢喜笑哈哈。

  樵夫：踏过小桥直奔山。

  公子：观只见打柴樵夫，牧牛童儿倒骑牛背唱高歌。

  英哥：口含短笛把鞭舒。

  群：眼望着日落沉夕黄昏到来你看，行路君子转回家。

（十）樵夫唱

  阿讴阿，谁是我者。打柴樵夫困苦难艰，草房两间把身安；家有父母儿抚养，终日奔忙不得闲；清晨起把门开，腰披板斧上山湾，砍干柴，长街卖，换铜钱，回家园，奔波劳碌实在难。打柴樵夫哪有出头日来你来看，只有投奔梁山把身安。

（十一）丑锣唱

  打锣的二九一十八，发旁斜插一朵海棠花；许配张青为夫妇，十字坡前做生涯。卖的是人肉包子蒙汗酒，来往的贪官恶霸把他杀；来了个武松来打店，夫妻二人打不过他；到后来与张青结金兰来你看，孙二娘包装武松投奔二郎山上躲避官抓。

（十二）三不改（公子）

  洞宾醉酒岳阳楼，手扶栏杆乱点头；上了皇城四下望，鼓楼倒坐水里头；为什么北京城改作顺天府，城里关外闹扬州；三四岁顽童会说京话，二八佳人梳满头；这就是三种没改变来你看，春种秋收水往东流。

（十三）渔人得利（渔翁）

  渔翁肩扛钓鱼竿，名不图来利不贪。

  闲来无事柳荫坐，终日打渔绕湖湾。

  渔人正然贪欢乐，只见蛤蚌晒沙滩。

  蛤蚌沙滩正晒肉，鹬儿空中打盘旋。

鹬见蛤蚌是口肉，抿翅收翎把食餐。

鹬揪蛤蚌痛难忍，蚌夹鹬头两翅翻。

渔人见景哈哈笑，连鹬带蚌捡在渔篮。

二畜生哭得肝肠断，鹬儿叫声蛤蚌听我言。

早知你我落入渔人手，你归湖海我归山。

你归湖海喝甜水，我归深山乐安然。

蛤蚌闻听冲冲怒，骂声鹬儿听我言。

张口不知合口物，出头容易回头难。

这就是人为财死挣名利来你看，

鸟为食亡染黄泉。

（十四）春游（公子）

春风刮起柳条青，青俊儿童放风筝。

筝起筝落做斜架，架上风筝在半悬空。

空中飞来宾鸿雁，燕语莺声叫古春。

村民村子闹吵吵，吵吵闹闹上新坟。

坟前倒有三月景，景对清香月有暗。

暗云遮住碧天之外芳草地，地生菊芽柳条金。

金鞍玉弯白龙马，马上端坐一书生。

生似潘安如美玉来你看，玉美人酒醉杏花村。

（十五）花园娶亲（又名八花）（公子）

一进花园四下里答，开了朵牡丹十七八，媒人婆是凤仙花，吹吹打打喇叭花，抬轿的是龙凤花，吵吵闹闹的是野菊花，公公婆婆老来少，婆婆奶奶芍药花，大姑小姑夜来香来你看，新郎原是狗尾巴花。

（十六）醉打山门（陀头）

阿讴阿，谁是我者。陀头和尚鲁智深，我本是八德池边佛门根；

带发修行五台山，不守佛规交绿林；闲了来山前玩拳脚，闷了来下山把酒饮；只因为醉打山门惹下了祸，长老一怒将我赶下禅林；无奈何水泊梁山去投奔，一路上杀贼官除恶霸，救的是义夫节妇孝子贤孙，虽然说替天行道总算是绿林，到后来灵隐寺内方皈依正果来你看，望江楼上炼金身。

（十七）孟姜女（老坐子）

孟姜女节烈千古标，千里寻夫不辞劳，身披寒衣把范郎找，找不着范郎内心焦；好心感动了天和地，万里长城哭倒了，秦始皇看我是一贞烈女来你看，赐予我八宝绸缎玉带一条。

（十八）翠屏山（俊鼓）

天罡地煞出宋国，杨雄石秀结拜兄弟哥；石秀就在杨雄家中住，我与嫂嫂把话说；说话之间朝外走，遇见杨雄我的大哥；弟兄酒楼论此事，有僧衣僧帽放在桌；到后来翠屏山前杀死人三个你来看，杨雄石秀时迁结拜投奔梁山泊，前往祝家庄内惹风波。

（十九）四大不周（公子）

阿讴阿，四大不周。天下云游四大不周，人心好比水长流；君子人交友淡淡如水呀，小人交友蜜里调油；淡淡如水常来往，蜜里调油不到头，劝君要学桃园三结义来你看，莫学那孙庞斗智结下冤仇。

（二十）宝玉探病

夏季秋凉起禁风，林黛玉得病就在潇湘馆中；黛玉闻听表兄到，将身要起迎表兄。

公子：小妹妹，别动怕你受了风，我与你配来丸药用未用，讨来仙方可曾见灵，午后发烧可曾见好，夜晚发烧你可见轻。

锣子：黛玉闻听表兄到，连把表兄尊了又尊。你与我配来丸药我未用，讨来仙方未见灵；午后发烧渐渐热，夜晚咳嗽到天明；我与你空有名在实不在，竹篮打水总是空。我死后黄土坟内空一人，孤在荒郊受清风；

你到清明多烧纸，伏我坟头哭妹妹几声。这就是兄妹谈到伤心处来你看。

合：宝玉黛玉大放悲声。

（二十一）渔樵对答

樵：阿讴阿，谁是我者。一条扁担一付绳，板斧儿一张。

渔：一条线，一钩竿，鱼篮一个，在我肩头扛；渔翁开言尊贤弟，这几天无从见你。

樵：我也倒忙，今日里特来会会尊兄面，老仁兄你可好。

渔：我也倒精爽，我为你置买一并薄穴，约请贤弟往松岗上躲热懈凉，渔翁迈步朝前走。

樵：樵夫担柴走奔慌忙。

渔：不多时来在了松柏树下。

樵：俺将柴担放在太湖石旁。

渔：你看见那才子提笔忙慌留诗句。

樵：你看那小燕寒依对对成双。

渔：忽叫得河沟里乱世蛤蟆咕呱乱叫。

樵：树上的野鸟言语儿凄呦凉。

渔：这是夏天景。

樵：热景难呆。

渔：荷花池内开放柳哪磁鼓叶儿。

樵：长蒲棒儿。

渔：出离水的藕莲花，吐放儿清香。

樵：啊世间哪有樵夫苦，每日里肩扛扁担，腰掖板斧，进深山砍干柴，长街去卖；换铜钱，去量米，转回家里，敬天神，孝顺父母，养妻子，终日间奔波劳碌；我是对着您老来说，赶多咱是我熬到了出头之日，几时能够自在风光。

渔：渔翁笑，巴掌拍，兄弟你年轻说话欠要思量；无忌卖柴是员大将，那朱买臣在玲阳阁上美名扬；我老汉年过花甲不能中用，哥哥的老命儿奄奄要见阎王。

樵：樵夫说，敬德七十二岁寻智，太公八十岁钓鱼台上会文王；渔樵受了些风霜苦，不缺吃穿唉等时光；且还唱来且还唱，唱上一段月影儿高。

渔：阳儿落。

樵：黄莺语话，野调无腔，眼望着日落沉夕天色晚来你看，哦哦我的哥。

渔：哦哦我的兄。

合：咱们弟兄们。

合：明日偷闲再叙叙心肠。

（二十二）渔樵气答

樵：樵夫担柴来在江岸。

渔：渔翁举手喜笑颜开。

樵：你将那打渔小舟给我拨过岸来。

渔：渔翁闻听不怠慢，摇着橹，打着桨篙一支，将船摆来，摆来。

樵：樵夫上船，放下干柴。

渔：渔翁酒摆。

樵：樵夫菜夹。

渔：咱二人饮酒，闲谈莫论，贤弟你这几日的买卖可曾发财。

樵：樵夫叹，手捶胸来，口答嗨嗨，我的老仁兄，你要提起我的买卖，实是苦哉；每日里肩扛扁担，腰披板斧进深山，砍干柴，长街去卖；换铜钱，去量米，转回家来，敬天神，孝顺父母，养妻子，终日间奔波劳碌；我是对着您老来说来，赶多咱是我熬到了出头之日，几时能够自在风光。

渔：贤弟你说话想不开，渔耕不过是小买卖，不缺吃穿，单等日月
来；我有几位古人细说明白，无忌卖柴把门丁碰死。

樵：那也是相公他时运未来。

渔：子牙无时垂钩钓。

（二十三）陀头唱（无曲牌名）

头陀和尚名武松，

我在那景阳冈上留下大名。

带酒打死斑斓猛虎，

夸官游街十字披红。

武松替兄杀过嫂，

充军发配孟州城。

快活林中夺过他的酒店来你看，

拳打恶霸名叫蒋忠。

（二十四）李逵探母（丑鼓）

梁山英雄出宋朝。李逵本是惹祸苗。

一心要把梁山上，回家探母走一遭。

一见老母忙跪倒，身背老母走荒郊。

山前取水失迷路，好汉见母被虎伤。

一怒之下奔山岗来你看，虎血染透皂衣袍。

（二十五）阿讴阿（公子）

数九隆冬下严霜，鹅毛片片冷难当。

佳人怕冷停针线，学生怕冷懒念文章。

樵夫怕冷懒把高山上，渔夫怕冷懒钓寒江。

士农工商都怕冷来你看，庄户人怕冷屯内有余粮。

四、动作

天津的高跷在表演形式上分为文高跷、武高跷、冀高跷和礼仪高跷。业内一直将百忍老会归类于文高跷，而会中的人却认为百忍高跷是文、武的结合。因为在百忍老会的表演中，随处可见武术架势，如倒蹲、坐蹲时就同武术中的骑马蹲裆式极为相像。而且在表演时，动作幅度大，节奏激烈，技巧复杂，无论是十八路棒槌，还是逗花鼓、鹞子翻身等，都体现了扎实的身段和功底。

1.陀头（棒槌）

陀头是十个角色中的灵魂人物，因为他掌握着整个场面的节奏和阵形，陀头每敲一次手中的的棒槌，队形、节奏、动作都要进行相应的变化。陀头的道具是棒槌，棒槌敲得响不响，有几个因素。首先，陀头的手必须吃力，还要注意左手松，右手紧。其次，要注意两支棒槌敲击时的位置，应尽量在离手远一点的地方敲。连续击打棒槌发出"梆梆梆梆"的声音，引起表演者和观赏者的注意，行话称为"叫板"。陀头最有代表性的招式是十八路棒槌。名称基本上是对动作较为形象的描述。20世纪80年代初期，殷洪祥师傅经过反复推敲摸索，将十八路棒槌用文字形式整理出来。

十八路棒槌的名称和主要动作要领：

(1)裹（盖）脑。左手握棒在身体前侧（大概在胸部位置），棒槌一定要端平。右手棒从脑后转到身前击打左棒槌的前端。换右手在前握棒，左手从脑后转到身前击打。这个动作需要注意几点，手握棒从后往前转时要紧贴着脑袋，但是不能打到自己的头。节奏上要掌握好，跟着鼓点走，不能乱点。

(2)捌棒。骑马蹲裆式站立，左手反手腕握棒，右手握棒在身体左侧

棒槌正在对其他角色发号施令

位置两棒相击，左手棒槌同右手棒槌在头的上方交叉打棒，右手反手腕握棒，左手握棒在身体右侧位置两棒相击。

(3)压棒。棒槌先从头部的右后侧转到四十五度角方向，左棒压在右棒上在胯部敲击棒槌。左右手位置互换，再打一番。

(4)盖棒。同压棒比较相像，也是左棒压在右棒上在胯部敲击棒槌。只是压棒的时候不过头部，从头部上前方绕过。左右手位置互换，再打一番。

(5)悠棒。双手拿着棒槌的中间位置，两支棒槌同时翻手腕向同一侧甩出，两棒扬到头部左上方位置，眼睛要跟着棒槌的方向走，不能离开。左右手位置互换，再打一番。

(6)照棒。照棒同悠棒动作相似，只是照棒要比悠棒甩出去的位置更高一些。两棒保持平行，不相击。双手握着棒槌中间，在和头部呈四十五度角的方向，从下往上高高扬起。左右手位置互换，再打一番。这个动作需要注意：手握着棒槌中间，在向上扬起的过程中，要将手腕从向身体内侧变为向身体外侧。眼睛要跟着棒槌的方向走，不能离开。

(7)转棒。转棒分为单转棒和双转棒。单转棒双手自然向下，左右棒槌在身前敲击后，先左手棒槌旋转向上伸展，右手自然往后甩。两棒再在身前敲击，换右手棒槌旋转向上伸展，左手自然往后甩。左右手位置互换，再打一番。双转棒是两棒在身前敲击后，双手棒槌一起旋转向上伸展。左右手位置互换，再打一番。

(8)脚棒。左手棒从腿内侧伸到身体外侧，右手棒转到左腿外侧相击。左右手位置互换，再打一番。

(9)蝎么脚。打这个动作需要在转圈中完成，两棒先在左边打一下，再在左胯部打一下，两棒在头部正打一下，反打一下，随后抬起左脚，与地面呈90度，两棒在左腿下击打，这时正好转一个整圈。左右手位置互换，再打一番。

(10)周身棒。左手反手腕握棒和右手棒先在身体左侧击打，两手在身体正面击打，右手反手腕握棒和左手棒在身体右侧击打，右手背到身后腰部，左手先向上翻手腕与之在背后击打，向下翻手腕与之击打，再换回向上翻手腕与之击打，左右手交换位置再打一遍刚才的动作。左腿跳起，两棒在腿下击打，两棒回头部击打。换右腿跳起，两棒在腿下击打，两棒再回头部击打。刚才的动作为两番，这套动作一般要打四番。

(11)水仙棒。两只手拿着棒槌有疙瘩的一边，棒槌和地面垂直，两支棒槌一前一后轻轻悠。左边棒槌划半圆从后往前悠到身体前方和右手棒相击。左右手位置互换，再打一番。做这个动作需要注意：两只手既不能握得太紧，也不能太松，握得太紧，棒槌悠出去时没有弧度，太松棒槌易掉在地上。

(12)太子踢球。左腿挑起，身体后仰，左右手棒槌同时在脚尖上击打。

(13)铡草。铡草这个动作多在下场的时候打，双手握着棒槌的中部，左腿跳起，两棒在腿下击打。随后，换右腿跳起，两棒在腿下击打，再打一番。在转棒铡草中，棒槌敲击的几个点相同，不过在由下往上举的过程中，两棒转着往上走。这个动作需要注意：身体要轻盈地蹦起来，腿绷直了，脚后用力蹬出去时，整个身体要往后仰，不能猫着腰。

(14)拐棒。左手反手腕，右手正手腕在身体左侧击打，左右手正手腕在身体左胯部击打，左腿抬起，左手反手腕，右手与之在身体外侧击打。左右手位置互换，再打一番。

(15)倒蹲背剑。腿部骑马蹲裆式，左手将棒槌放在背部位置，右手从脖子左侧伸到背后击打一次棒槌，绕到脖子右侧击打棒槌一次，再绕到脖子左侧击打棒槌一次。换右手握棒槌在身后，左手击打三次。左右手位置互换，再打一番。

(16)蝎子双转棒。身体前倾，重心在右腿站立，左腿往后伸，双手握棒在头部两侧转棒，头部要跟着转棒的方向向左右看。左右手位置互换，再打一番。这个动作需要注意：蝎子双转棒一般是在打完铡草以后接着的动作，表演者必须心中有数，直接由双腿站立变为单腿站立，脚底下十分吃功夫。

(17)架梁铡草。架梁铡草是在铡草基础上衍生出来的一个动作。两棒十字交叉在头顶上方打一下，左腿抬起，两棒在左腿腿下打一下，回到头顶上方打一下，右腿抬起，两棒到右腿下方打一下。左右手位置互换，再打一番。

(18)打八下。在十八路棒槌中，打八下最难，也是最精彩的一道棍法，要特别注重动作的连贯性。打八下是在逗完了花鼓后，陀头鲁智深擒住公子任宝童时表演。公子在场中央站着，陀头跑过去以后，先在他脑袋上方打一棒，这时的姿势是，左手平行指向公子，右手反手举在身后，后面加一个亮相的姿势。然后棒槌在头部左右正手反手各打一次，后接两个脚棒，再反方向打一次，加两个脚棒，共打四番。接下来不管打压棒或者悠棒，最后必须以打转棒结尾。

在一场表演中，不是十八路棒槌都要从头至尾表演一遍，一般是根据上场时间的长短来决定，每场基本都要表演的有倒蹲背剑、捯棒、蝎么脚等，如果不表演逗花鼓，最后的打八下一般不表演。

2. 婴哥

婴哥的主要道具是红色马鞭和小面兜。马鞭同京剧中人物所用的道具造型和意义相同。

婴哥的主要动作有大倒蹲、小倒蹲、蹲桩侧跳、跳蝎子。

大倒蹲的动作要领：腿部半蹲，马鞭在身体前部不断甩动，动作幅度较大。

小倒蹲的动作要领：动作幅度相对较小，腿部完全蹲下，右手拿马鞭不断前后甩动，左手随着节奏往胸部收。

蹲桩侧跳的动作要领：双脚要横着跳，手握住马鞭底部根据节奏横向挥舞。

跳蝎子的动作要领：左腿单腿着地，右腿往后要勾起来，脚跟往上翻，马鞭在身体前不断甩动。需要注意的是，头部一定要抬起来。

3. 武扇

公子（武扇）的道具是折扇。扇子的技巧很多，主要有打扇、悠扇、摆扇、摇扇、转扇、扛扇、遮扇等。其中打扇出现的频率最高。但是表演中要掌握打扇的次数，不能在表演中总出现打扇的动作。打扇的时机也非常重要，一定要走到角色跟前儿才打扇，不能提前打好了走过去。

公子表演的主要步伐是滑步，滑步时要尽量把步伐控制一点，还要

会员正在练习公子的表演动作

时刻注意和后面角色的距离，不能太远或者太近。目前会中扮演公子的田国林说道："演好公子这个角色，必须注重稳、准、狠，稳是动作必须稳，要缓要慢；准是手上、脚上的动作要到位，需要到哪个地界就是哪个地界，不能含糊；狠是必须要压住阵脚，到哪里定位就得定住。"

以公子为主的场面主要有巡场逗八角、模仿渔婴樵、逗花鼓等。

其中的巡场，最体现扮演公子者的技巧和功底。巡场是指梁山好汉中的八个角色（除了陀头），看到了公子任宝童后，各自上前施展本领，想擒住任宝童。公子走到上场门处打扇，用折扇遮住脸部站定，等候其他角色上场。第一个上来的是渔翁，公子要和渔翁逗着走，动作是左手将扇子打开，表演掰扇，掰扇的动作是一反一正变换扇面，右手不断撩外袍。走几步以后，公子一个转身摇扇把渔翁请走。接着过来的是俊锣，公子一看是女角过来，表现出"乐"，摇扇把她送走。接着过来的是俊鼓，俊鼓扮演的是燕青，公子一看来了一位年轻的侠士，表现出"傻"；俊鼓拿着鼓楗子逗公子，公子的身体要一直哆嗦，表现出"怕"，脑袋低垂随着鼓楗子转四圈，公子摇扇把他送走。接着过来的是婴哥，因为婴哥扮演的是小孩，公子要学婴哥的动作，婴哥摇手中的马鞭，公子摇手中的扇子；婴哥表演蹲桩侧跳动作，公子也要学他表演这个动作；公子摇扇把他送走。接着过来的是文扇，文扇扮演的是顾大嫂，公子好色，所以对她左看右看，挡住她的路不要她走，挡几番以后，摇扇把她送走。随后过来的是樵夫，樵夫的动作多是砍柴的架势，公子要拿扇子当作樵夫担子，学他的动作，之后摇扇把他送走。随后过来的是丑锣，公子要打扇向她挑衅，表现出"痴"，跟着她走几步后，摇扇把她送走。随后过来的是丑鼓时迁，公子这时要表演一个吞袖的动作，表现出"怕"，手藏在大褂中，将肩膀耸起来，不停抖袖子；丑鼓拿着鼓楗子逗公子，低头随着鼓楗子转四圈，公子摇扇把他送走。

十个角色中，公子不逗陀头，原因是鲁智深本领高超，任宝童不敢主动招惹。陀头上场，手中的棒槌在公子的头部要打一下，意思是告诉后面的八个角色，提醒大家共同擒住任宝童。后面的角色在亮相姿势后，陀头打八下，众人齐上台前，共同把公子擒住，整个表演就全部结束了。

"逗"的原因是因为这九个角要捉拿任宝童，任宝童自身有功夫，不会坐以待毙，这几个角色就施展各自的本领，挨着上前来捉拿，最后在陀头鲁智深的带领下，大家共同将其擒住。

逗花鼓的主要程式有：跑场撒扇、撒扇、照月代鼓、摇扇拜扇、跳花沟、扯四门、四撞头、扑扇插签、痴傻嗳呆。

逗锣时主要的表演动作有：蹭桃毛（侧身合扇、背扇）、猴倒锁（正面合扇、背扇、上下浮动）、赶旱船（左撒扇跑、转扇跑、左挑袍、背扇跑）、耍崩拉鼓（插腰转扇）。

逗鼓时主要的表演动作有：吊尸鬼、鬼打墙、惊掉魂、吓破胆、前抱扇、倒背手。

逗花鼓在整个表演中是故事情节最丰富的一段，也是最充满喜剧性的一段。在整套逗花鼓的表演中，公子的动作、身段、表情最多。特别是公子的表情，喜、怒、颠、呆、痴、悲、怕都要表现出来，最好还要在表情中带有一股子"傻劲儿"。以前出去拜会，要是和百忍老会交情深厚的，就给表演全套的斗花鼓。要是双方交情一般的，就来"半拉"花鼓。"半拉"花鼓是指逗锣、逗鼓之前的场面不表演，只逗之后几个人的部分场面。

历史上，最有名的公子扮演者是赵玉林，人称"赵五爷"，是百忍老会第六代传人。他对公子这个人物的动作把握得十分精准，表情十分到位。公子的手彩儿是扇子，赵五爷玩的扇子，动作利索到位，手法变化多，是公认的"天津卫第一公子"。

4. 文扇

文扇的主要道具有团扇和白色手绢。

文扇的主要动作有悠扇、摆扇、转扇插腰、扛扇、遮扇、鹞子翻身等。

悠扇的动作要领是：右手拿扇在胸前随节奏摆动，左手握手绢不断重复从身后悠到身前，再由身前悠到身后。

摆扇的动作要领是：扇子和手绢随着节奏在身前一起左右摆动。

转扇插腰的动作要领是：正手拿扇，将扇子转到身后，左右手同时插腰。

扛扇的动作要领是：右手拿扇将扇绕过头部扛在左肩上，左手握手绢插腰，头扭向左边，左右腿呈弓步，一前一后横着迈步。

遮扇的动作要领是：右手拿扇遮脸，左手握手绢插腰，左右腿呈弓步站立。

鹞子翻身的动作要领是：左手扇子放在身后，右手放在身前，身体后仰翻身。

最有名的文扇扮演者是第四代的唐有盛（唐二爷）和第六代的安世华，被称为"玻璃灯"，以身段苗条、扮相俊美、动作优美著称。用百姓们的话说，他们表演起来比女人还有女人味。

5. 渔翁

渔翁的主要道具是鱼竿和鱼篮。鱼竿用一条长度为170—180厘米的竹竿制成，竿头挂着布制的金鱼。鱼篮斜挎在身体后方，只起到装饰性作用。另外，渔翁的髯口也是一样重要的道具，很多动作都要通过髯口完成。

渔翁左手握鱼竿，走场儿的时候需要甩起来。在和樵夫下对儿的时候有个"铁板桥"的动作：鱼竿搁在身后面，腰向后仰，用右手的食指和中指，指着樵夫。这个动作的含义是，渔翁和樵夫年纪相仿，两人见

渔翁（表演者倪恩寿）

面之后，互相问好。

以髯口为道具的动作有摇髯、抖髯、推髯、捋髯、蹲桩气走、捋线拿鱼等。

摇髯：把胡子从左边甩到右边，从右边甩到左边，再甩回右边，最后用左手捋住髯。

抖髯：行会的时候，渔翁左手拿鱼竿，插着腰。右手放在胡须与身体之间的胸部位置，用手来回抖动胡须。

推髯：将双手放进胡子内侧，双手手心朝外，将髯口向身体外侧推出去。

捋髯：捋髯的时候，身子向后仰，手从上往下捋。

蹲桩气走：巡场的时候，公子逗渔翁，渔翁先有个抖髯的动作，然后是蹲桩气走的动作，蹲桩气走时要以很慢的步伐倒蹲后退，手部动作是捋髯。

捋线拿鱼的动作现已失传，大概的内容是把鱼从钩上解下来。老人们传授的时候没有教过，也没有留下相关记录。

最有名的渔翁扮演者是倪恩寿，以往扮演此角色的人，都需要带髯口道具。倪恩寿本身有一口花白的胡须，所以在表演时直接用真胡子表演，不用带髯口道具。倪恩寿扮演的渔翁可以说是同角色合而为一，无论从体态到表情，都非常逼真。

6. 樵夫

樵夫的道具是两边绑有松树叶的担子和板斧。樵夫的腰上绑有板带，板斧插在板带上后腰的位置。

过去，渔樵有大段的唱词，以对答的形式演唱，韵调和行板有京剧的韵味。已经过世的王恩成、倪恩寿、赵五爷演唱功力深厚，但是历代老会中的前辈文化水平普遍不高，唱词、曲调基本上是靠死记硬背记住后，再传给后代的。在"文革"时期，老人们没有传承唱词，"文革"结束后他们相继离开人世，以致会中目前已经基本没人会唱了。

樵夫的担子放在左肩，动作是：挑担、大蹲换肩、坐蹲儿、倒蹲儿、踢担子、照月（又名日月照）、鹞子翻身等。樵夫的动作讲求手、眼、身、法、步之间的协调。

挑担动作的要领是：左肩挑担，前高后低，左手扶担，右手下垂，食指和中指竖起。表演时，眼睛要跟着右手手指走，手到哪儿，眼要跟到哪儿。

大蹲换肩动作的要领是：腿部呈半蹲姿势，扁担横放在肩上，左手执担的左边，右手执担的右边，左右摇摆。在从头到尾的表演中，右肩不担，一直是一个手势。

十个角色都有鹞子翻身的动作，但是各不相同，每个角色转身后要有一个亮相的动作，樵夫的动作是把扁担举起来定住，眼睛既要看着自己手中的担子，还要注意着棒槌的动作，看他下一步要换什么队形。

过去，学高跷要先学走场，先练队形，这是最基本的。场走不好，腿子不让绑。师傅要是看不上的，理也不理，看到练得差不多的了，老人们才会稍作点拨，学本领全靠自学成才。老一辈人认可了，觉得从姿势到基本功合心意，手、眼、身、法、步能基本做到位才算可以。但刚开始练时，基本上每个人练坐蹲的动作时总会撅屁股，师傅就会在旁边提醒，腰板一定得挺得直，屁股要坐下去。

表演樵夫者最基本要求是不能一顺边儿，在十个角色中，婴哥、樵夫、坐子特别容易走一顺边儿。其次，在做动作的时候樵夫担子不能耷拉下来，要始终保持前面一头稍高点。另外，要保持自己的步伐能踩上点儿，和其他九个人保持一样的步伐。

最有名的樵夫扮演者是王恩成，被誉为"津门高跷第一樵"，其闪、挡、腾、挪等动作十分到位，表演时，眼睛能跟着手转，手到哪里眼神跟到哪里。

7. 俊锣、丑锣

锣分为丑锣和俊锣，在表演动作上区别不大，基本的步法都是八字步。

但对丑锣、俊锣性格上细微的把握，需要扮演者认真揣摩。如俊锣扮演的是一丈青扈三娘，人物长相甜美，较为文气；丑锣扮演的是母夜叉孙二娘，人物性格泼辣。根据扈三娘的性格特点，俊锣的表演者在动作表情上要比较含蓄，将柔美文静的一面表达出来。卢洪印、卢洪元的表演风格属于此稳重类型。安维鸣秉承师傅于成光的传授，表演时走的是"大寡妇"的路线，动作需要"泼、辣"，同丑锣孙二娘性格相匹配。

双锣的基本道具是锣和锣楗。敲锣时，手不能死死的扣着锣，锣

丑锣（表演者兰学文）

放在手心，拇指和其他四指在两边，敲的时候，食指、中指、无名指松开，用其他两指扣住锣边。不敲的时候，要迅速轻轻握住。这样敲，可以使锣声更加响亮、清脆，传播范围远一些。如果一直死死握住锣，锣声会非常闷，不够响亮。挑选锣的时候，要买锣边较宽的型号，太窄的在表演时容易扣不住。

在整个高跷表演中，对表演者最具考验的是两个人的闪、转、腾、挪等动作，要注重手、眼、身、法、步的配合。抬腿子不怕快，就怕慢，慢了难掌握重心，快步挪动相对来说较容易掌握。百忍老会的点是老三点，节奏较慢，所以说看着轻松的动作，实际上在脚底最吃功夫。一般靠练习倒蹲、坐蹲这两个动作来训练基本功。

锣最基本的动作有平展飞锣、展翅揣锣、跳花钩、单腿照月、跑扇子、掰锣等。

百忍老会飞锣的技巧在天津的高跷中被认为是独一无二的。百忍老会的飞锣必须敞开，大姿势，架子拉大。飞的时候腰要活，动作要利索，锣点和鼓点配合默契。

飞锣的动作要领：手得伸展，眼神得跟上，不看锣不行。

展翅揣锣的动作要领：一条腿站立，另一条腿弯曲，锣楦跟着锣走，在身体两侧胯部敲打锣。揣锣的时候，手不能太远离身体，要有往下走的感觉，掖着揣。

单腿照月的动作要领：单腿屈膝，头部左侧敲锣，然后头部右侧敲锣。表演照月时，一定要注意眼神必须跟上，锣到左边，眼神跟到左边；锣到右边，眼神跟到右边，始终跟着锣走。

掰锣的动作要领：左手拿锣，锣面平放在手心，右手拿锣楦敲锣。敲锣的时候，手指不撒开，发出的锣声较闷。这是在逗花鼓中任宝童调戏"两锣"，"两锣"避开他时所做的动作。

跑锣子的动作要领：将双臂向上伸直，在头顶上方敲击锣。

锣子在过去有极少的歌词，现在基本已经失传。历史上公认锣子演得较好的人有于成光、卢洪文等。

8. 俊鼓、丑鼓

双鼓的基本道具是鼓和鼓楗子。鼓分为丑鼓和俊鼓，两者基本动作相同，表演时的鼓点相同，只是在姿势的舒展度上有大架和小架之分。丑鼓扮演的是鼓上蚤时迁，曾经做过梁上君子。根据人物性格，他的动作为小架，姿势小，敲鼓的楗子总在眼前头比划。俊鼓扮演的是浪子燕青，他是一位风流侠客。根据人物性格，他的动作是大架，姿势大，身体需要伸展，动作要尽量优美。大架的眼神是跟着楗子左右看，小架的眼神跟着楗子一直在眼前面。

表演时，鼓要背在身体左侧，双手各握一枚鼓楗子。基本动作有前后飞、前飞、扛鼓蝎子以及鼓一套（探海、铡草、插花、燕飞）等。这些动作不是固定的，要在表演时根据现场的环境和气氛，自己灵活运用。

前后飞的动作要领：右手鼓槌子先打鼓的后面，然后向身体右侧伸出，举到头部上方，眼睛要跟着右手鼓槌子走。同时，左手鼓槌子打鼓的后面，最后双手鼓槌子一起打鼓的前面。俊鼓的前后飞姿势要较丑鼓舒展，丑鼓的鼓槌子只能在眼前冲着鼻子的位置比划，眼神也要跟上，看眼前的鼓槌子。

前飞的动作要领：前飞是在五角子和单加篱笆快节奏时候的动作，双手只敲鼓的前面。

扛鼓蝎子的动作要领：俊鼓要把鼓背在脖子后面，用牙齿咬住鼓带子。丑鼓要背鼓，也要用牙咬住鼓带子。敲的时候，两只手的鼓槌子要边转边敲。扛鼓蝎子的动作在现在的表演中不常见，老一辈们在出会过桥时表演过这个动作。

鼓一套包括探海、铡草、插花、燕飞。探海是右手握鼓槌子在身体前端，鼓槌子垂直于地面，左手鼓槌子打鼓的前部。铡草是双手鼓槌子交叉打在鼓的前部，右手鼓槌子绕过左腿下方打在鼓上。插花是左腿往前迈，身体前倾，左手打鼓前部，右手交叉打鼓的后部。燕飞是在打完插花后，转身，左右两手分别从身体后部敲击鼓的背面。

现在，鼓的唱词已经失传，无人会唱。历史上公认鼓演得最好的人是杜文发和李少斋等。

9. 茶炊子

一般在行会的路上一副茶炊子需要三个人挑，表演的时候由另外一名技巧最高超的表演者演出。在十个角色演出以前，首先是两副炊子出来表演。挑茶炊子十分讲求技法，基本步伐是小叠步，使茶炊子上下轻颤。除此之外，还有小丁字步和套步。

走叠步的时候退步必须稍微往下蹲一点，这样重心才稳，上身必须和地面垂直，不能弯腰。抬腿的时候要高一点，落下的时候幅度才会大，在一起一落间，茶炊子因为自身的重量，可以颤悠起来。颤的幅度完全由腰来掌握，过大了不行，会使茶炊子撞在地上；腰晃小了不行，茶炊子不颤。行进的时候要走小步，两只脚倒换着走，有时候还要往回倒几步。为了始终保持身体的平衡，挑的时候还要讲究手臂的动作，要前后来回甩，甩小了不好看，甩大了不容易保持身体平衡。挑茶炊子的时候，手不能扶着扁担，这是动作上最大的忌讳。表演时，要用左手插腰。

茶炊子技艺水平最高的动作叫自动换肩，这个动作在过去不经常表演，现在基本已经失传。在平常的练习中，担子上不绑炊子，绑的是两个装有砖头的筐子，每个筐的重量有60—70公斤，基本和茶炊子的重量相同。

最有名的茶炊子表演者是贾三爷。他表演时，茶炊子在肩膀上随意转换姿势。头一转，茶炊子稳稳地从一个肩膀换到另外一个肩膀，就算是难度最大的大换肩，也能流畅地完成。大换肩的动作要领是：头低下，整个肩膀成为一条水平线，茶炊子从肩上过的瞬间，身体同时旋转，整套动作一气呵成。

五、绝活儿

百忍老会曾有个叫"五（武）蝎子"的技艺，是整个天津卫的独一份。清朝年间的百忍老会出会，过桥的时候，各个角色不允许走着过桥，需要用五蝎子的动作跳着过桥。五蝎子顾名思义，以动作同蝎子的形象相似而命名，具体的姿势是：由五个人组成，前面三个人是棒槌鲁智深、婴哥王英、公子任宝童，后面两人是俊鼓燕青和丑鼓时迁。前面三个人要将手中的手彩儿亮起来，后边两个人的动作不同，俊鼓把鼓横放在右肩上，牙齿咬住鼓带子，双手握鼓楗子在头部两边敲打鼓面。丑鼓把鼓横放在背上扛起来，牙齿咬住鼓带子，手握鼓楗子敲打前鼓面。五个人都要右腿独立，左腿向后翘起来，像蝎子一样。据殷洪祥介绍，第七代、第八代人都没有练过，只知道动作要领。现在会里表演过类似的动作是三蝎子，由棒槌、婴哥、公子三个角色组成。这个动作只有西码头百忍老会有，其他高跷有相似的动作，称为"拉骆驼"，由会中七个表演者叠在一起，互相用身体支撑对方，像武术中的叠罗汉。

六、艺术特色

历经了近两百年的传承和发展，百忍高跷老会可以说是一道集舞蹈、武术、戏曲、音乐等方面艺术和技艺为一身，有着独特风格的花会。在百忍高跷中，伴奏乐器由表演者自己携带，边演边打，称为"锣鼓四件"。这种形式在现存的天津高跷里是不多见的，在场上他们不但有固定的锣鼓点，还能和其他角色一起走阵势。在其他会中，也有锣鼓伴奏，但一般在场边伴奏，不和角色一起下场表演。

在锣鼓的鼓点上，百忍老会的技艺同别的高跷会有很大的差别。他们一直严格遵循"老三点"的鼓点，这和"乱三点"完全不同。在表演中十个角色都按照一个固定的鼓点迈步，无论做什么动作，在快节奏的阵势下或者慢节奏阵势下都要保持十个角色步伐上的高度一致，每幅腿子上都绑有铃铛，为的就是在表演过程中，保持步伐节奏的统一，不错点。例如在走月牙篱笆闷点时，鼓敲鼓边，锣敲锣边，为的就是凸显十个角色整齐的步伐和腿子上的铃铛声。

百忍老会的前行儿也甚为壮观，这在天津的另外一种花会形式"法鼓"中较为多见，但是在高跷会中却不多见。出会前，将旗子、灯牌、茶炊子等仪仗按照顺序摆开，场面十分壮观。

第四章

器具与遗存

　　目前百忍老会收藏着一些老物件，其中有百忍老会现在经常使用的戳子有两枚：一枚刻有"西码头百忍京秧歌老会　会务组　1821"，此印章是会务组专用印章，在出会或下帖等正式场合时使用；另一枚刻有"西码头百忍京秧歌老会"字样。另外，会中有几枚均有百年历史的印章，多为乌木（又名黑檀）、杜梨木制作，因为材质较硬，耐腐蚀、耐久性强，所以印章流传至今得以保存完整。其中一枚为百忍老会所用，其余三枚为诚意堂印章，后被百忍老会收藏。一枚刻有"礼物国币概

西码头百忍京秧歌老会印章（一）

西码头百忍京秧歌老会印章（二）

西码头百忍京秧歌老会印章（三）

不敢领"字样，一般盖印在会帖上使用；一枚刻有"西码头诚意堂路灯社"；一枚刻有"西码头诚意堂心愿路灯众承办拜"；一枚刻有"西码头诚意堂西老公所路灯社众承办拜"。

一、设摆器具

过去，会中定期对前行儿进行设摆仪式。设摆仪式是指只把会中属于前场儿的物件摆出来，并不进行表演。设摆时要搭上席棚子，在棚子里支起小灶做饭供会员们食用。一年中一般在正月或节假日时设摆。设摆既可以提自己会的精神气儿，彰显会中的人力物力，也可以顺便把尘封已久的老物件拿出来晾一晾，过过风。行会时，前场儿走在这个队伍的最前面。过去出会，一般是在凌晨三四点钟的时候出门，天还不亮。当时路灯较少，一般会在挑子灯、茶炊子内点洋蜡照明，队伍绵延数十

1984年，老会恢复后第一次设摆

米，火苗随着行会人的身影一同摇曳，好似一条火龙，场面十分壮观。

出会时，百忍老会会员左臂上套有黄布袖标，上印"百忍"二字。走在队伍最前面的是下帖人，身背香袋，手拿帖盒。随后是头锣，其锣声领着全队行进或者停止。接下来是数十乃至百人的前行儿，前行儿有固定的顺序，依次为：

门旗，八面黄缎三角大旗，由八位身强力壮的会员手举，竖排两列，左右各四人；小手旗，若干面（最少20面），上绣会名，每人手执一旗，竖排左右两列；高照，四个大灯笼，上写会名，每人执长竿举一灯，左右各两人；软对，左右二人各举一面幡旗；硬对，左右二人各举一长形玻璃灯箱；灯牌，十个人分为左右两列，每个人举一灯牌，每个灯牌上有一个角色的介绍，每个灯牌配有一个座子，设摆的时候，把灯牌插在座子上；万名伞是一个圆形的大伞，上面写有很多与会有关的人的名字，其中包括从第一代到第八代会员（最近入会的人没有）、历史上部分玩会的、为百忍老会做过贡献的、爱会的人等等，万名伞为上世纪80年代新制，在同一时期新做的还有气死风灯和串儿灯，这些算是会中为数不多的创新处之一；后跟挑圆笼、衣裳箱子、茶炊子及扛高凳十多人。

高照

前行儿之后，是二锣和由他带领的十名高跷角色，"二锣的锣声指挥陀头"。陀头击棒指挥全体角色的行止或耍练。十个角色的顺序是：陀头、婴哥、武扇、渔夫、樵夫、文扇、俊锣、丑锣、俊鼓、丑鼓。过去，在十个角色的旁边还有专门掌挑子灯及若干护腿子、护场子的人。

灯阁（羊角灯）跟随其后，由一位强壮的人举一大杆，上挂十三个大灯笼，上面三个羊角灯为红色，下面十个为白色，每个灯笼上一个字，组成"西码头蒲包店百忍京秧歌老会"字样。

队伍的最后是一面纛旗（座旗）。挂旗的两端各有一个金色龙头，旗上写有会名，由会中一名身体强壮的会员高高举起。

在历史的变迁中，行会时形式有所改变，如20世纪50年代以后，挑子灯变得非常少见。目前挑子灯的制作工艺已经失传了，连会修理的师傅也非常少了。挑子灯的历史十分久远，传统的挑子灯里用蜡烛照明，外壁为牛角做的罩，使用时，将挑子灯用红绳在茶炊子的四个角固定住。后来有一段时间，灯罩里用的是灯泡，而不是蜡烛。结果发现灯泡投射的光太过死板，远不如用蜡烛时，火苗随着步伐上下起伏颤悠好看，就又改用蜡烛。

现在，会中出前行儿的老物件保存基本完整，但除了政府组织的设摆仪式外，在马路上出前行儿的机会已经很少了。因为周围环境设施的改变，马路上的车辆越来越多。按照过去的方式出会，会引起交通不便。过去，出会时的规模较为庞大，出前行儿的人、高跷的表演者以及负责服务的会员，人数至少一百人。目前出会，出前行儿有部分器物参加便可，为花会服务的人员也由主办方统一安排，只要四五十人便可。

软对

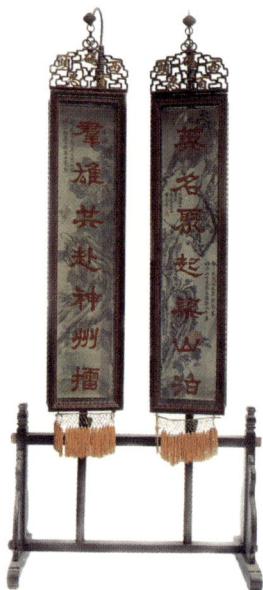

硬对

灯牌

万名伞

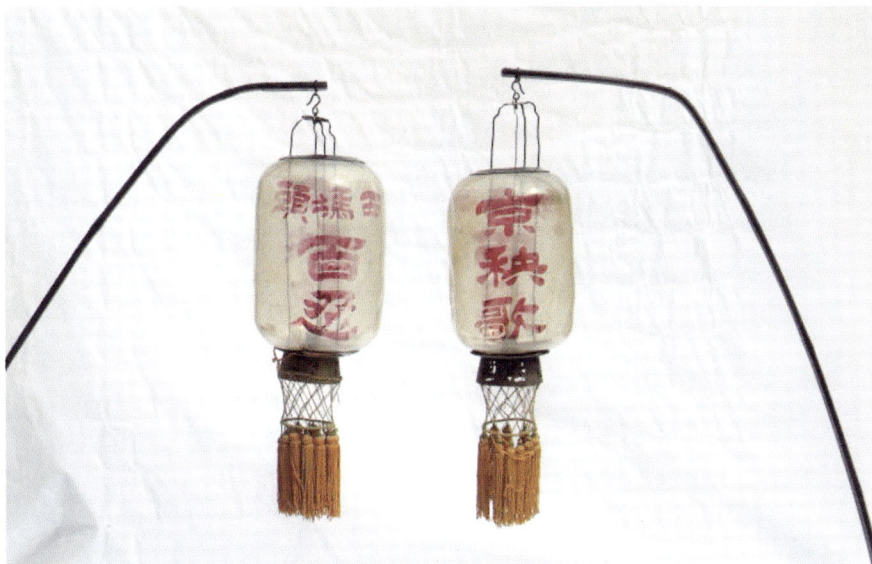

挑子灯

手旗

灯阁

纛旗

二、表演器具

在腿子上部脚踏的部位绑有铃铛，目的是提醒大家不要错点。表演的时候，步伐要跟着鼓点走，每迈一步，铃铛响一下，有板有眼。

腿子找专门的戏剧商店定做，每批腿子的高度不完全相同，但出会时，十副腿子的高度必须一致。会中20世纪50年代时置办的腿子高度在1.2米左右，目前的腿子略矮，在1.1米左右。

非同一批次做的腿子，颜色有差异。但在出会时，要用同一批次做出的腿子，保证颜色完全统一。腿子上要写清楚扮演角色的名字，不能混用。

百忍老会的腿子是由整根木头做成的，腿子的弧度也有讲究，略大为好，这样可以保证在高强度的表演中腿子不会劈裂。腿子中间要做出一个插口，将一整块硬木所做的托插进去。

绑腿子用的棉绳

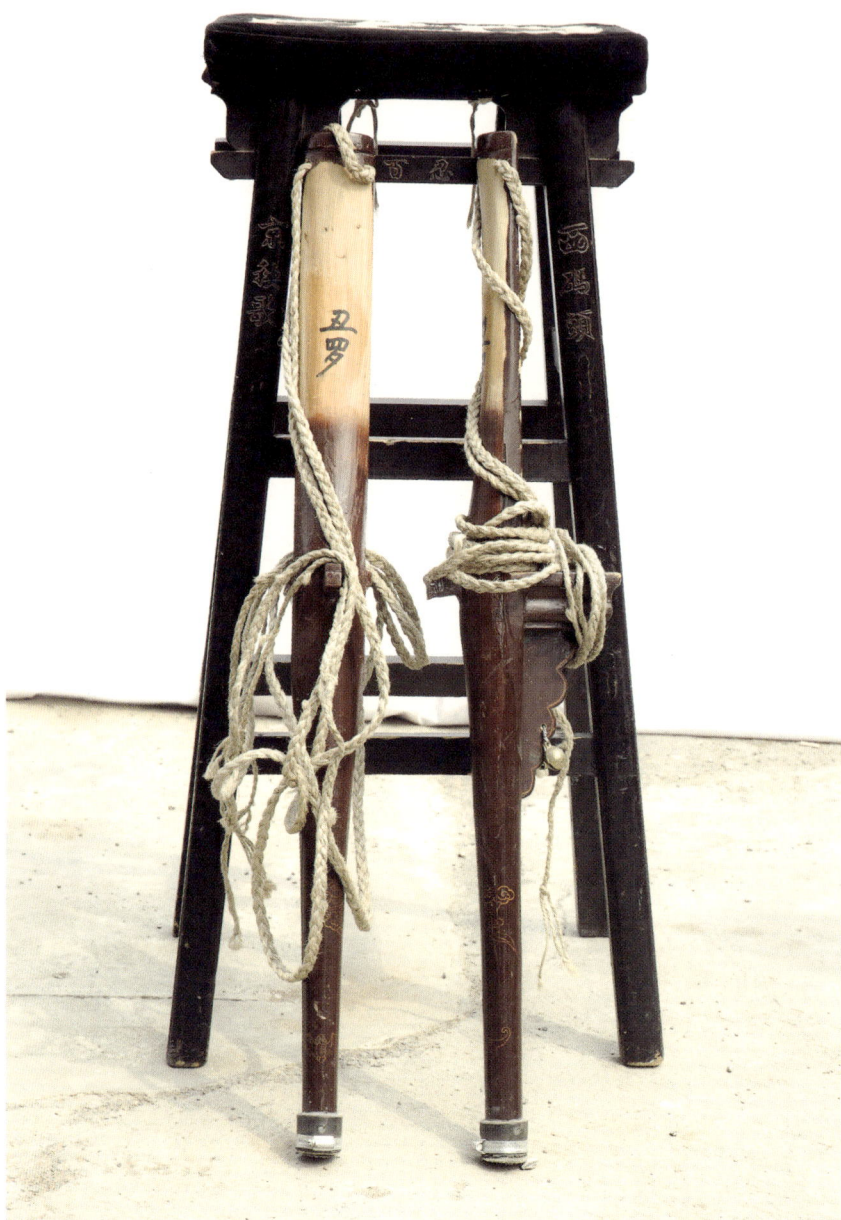

高凳和腿子

绑腿子原来用的是麻绳，现在改作棉绳。每根棉绳长约2.5米。绑一支腿子要用两根棉绳，一副腿子用四根。绑绳子之前，要先裹腿，目的是在绑上腿子后，不觉得勒。裹腿的步骤是：将事先准备好的毛毡子或者棉垫子，从脚踝裹到膝盖处，然后再绑腿子。表演时，外面穿上彩裤，彩裤的裤腿比较肥，看不见里面的裹腿，并不影响美观。

曾经有人觉得百忍老会的老物件做工精美，想出二十万元的高价购买，但是，对于会员们来说，"只当烂了它，会里的人也不会往外卖。"

1984年参加设摆的部分会员合影

三、器具的制作材料

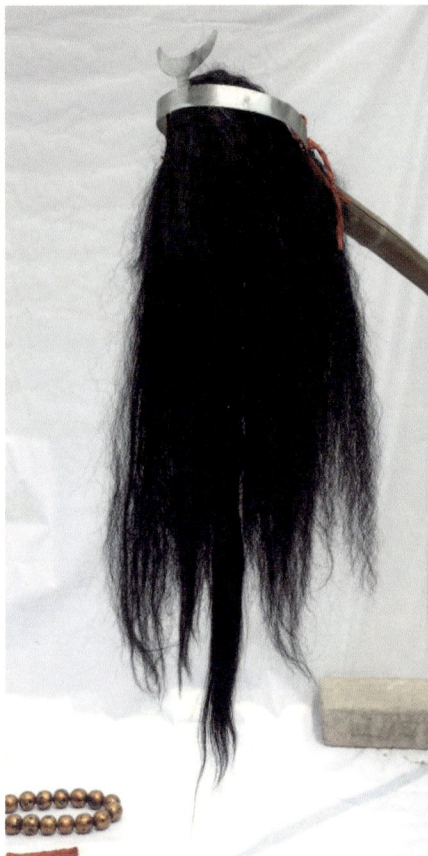

陀头所用的假发和月牙箍

渔翁所用的髯口和陀头所用的棒槌

陀头所用的道具是棒槌。棒槌在外形上与过去相比，没有太大的变化，两根棒槌的尺寸都是一尺八，材质为黄檀木。选用黄檀木制作棒槌的优点是，这种材质比较密实，别的木料做的棒槌敲起来不响。缺点是，价格比较昂贵。棒槌有一端是个圆头，一般拿棒槌的时候，这一边要朝下。据殷洪祥介绍，他刚学陀头时，所用的棒槌是从早市上买来的一种当时流行的洋车车把，材质也是檀木，但是比较细密，一根檀木一

文扇所用的团扇和武扇所用的折扇

分为二，做成一对儿。平常练习时，用的棒槌是普通的杂木制成，同擀面棍很像，正式出会的时候才能用黄檀木的棒槌。

婴哥所用的道具是马鞭和面斗，马鞭长约70厘米，红色，从戏曲用品商店购得。面斗是用柳条编成的小篮子，长15厘米、宽10厘米、高15厘米，外部刷有深紫色大漆，篮子下挂有铃铛。

武扇所用的道具是普通折扇，挑选的时候，要尽量选择质量优良的。武扇经常有打扇的动作，扇子使用的频率较高，所以新买回来的扇子，最好用透明胶带在折痕处加固一下。

文扇所用的道具是团扇和手绢。团扇要选择颜色清新素雅一点的，手绢为白色，丝绸质地。

渔翁所用的道具是髯口、鱼竿、鱼篮。鱼篮斜挎在身体后方，髯口同京剧里所用的相同。平时跑场子练习用的是尼龙材质的，价格便宜，但是材质较差，容易产生静电，刮到其他器具上。正式出会时戴的髯口为马鬃材质，手感好，但价格较贵。目前所用的鱼竿有两根，一根出会时用，一根练习时用。出会用的这根较为讲究，长度有170-180厘米，购买于上世纪80年代，竹子制成，外面刷有大漆。练习用的鱼竿为普通木棍制成，没有装饰。鱼竿头部栓有金鱼，原来金鱼用金色绸布制成，手工绣鱼鳞和鱼眼，现在改为塑料鱼。鱼篮仅存一个，为会中老辈所传，表演中鱼篮没有动作，只起装饰性作用。

渔翁所用鱼竿、婴哥所用马鞭和樵夫所用担子

陀头所用念珠、婴哥所用面斗和樵夫所用板斧

樵夫表演时用的道具是樵夫担子和板斧，原来在樵夫担子两头绑的是真松树枝，现在改为绿塑料叶子。担子的长度也有所改变，目前所用的长度比过去短，在150厘米左右。现在，会中仅存一副担子，表演和训练时都用它，至少有50年的历史。第六代表演樵夫的会员王恩成出会时，也用过这副担子。板斧由松木制成，外部刷有银灰色漆，较为形象。

"两锣"用的道具为锣和锣楗，从戏曲用品商店购得，挑选的时候要尽量选择材质薄一点、锣沿宽一点的。上世纪50年代会中所用的锣，是托人从苏州买回的响锣。

"两鼓"用的道具为双面鼓和鼓楗子。鼓在选择上较为讲究，要从专门的制鼓厂定做，以桐木材质最好。造型上要求两端稍细、中间稍粗，尺寸为40厘米长、鼓面直径25厘米，鼓带子的长短不定，可根据表演者身高调节。

茶炊子属于前行儿里的道具，先于高跷进行表演，起到聚人气的作用。茶炊子由两幅炊子和一根扁担组成，一般扁担由桑木制成，长度在两米左右，因为桑木的质地比较坚固，而且有一定的弹性。太硬的木头不适合做扁担，因为挑的时候茶炊子不容易产生颤动。扁担刚买回来时并没有弧度，需要根据茶炊子的重量，拿刀一点一点刮出来，一直刮到放在地上时，两端翘起来，挑上茶炊子时，两端能颤起来。扁担两端有两个小孔，取小竹棍插在小孔里，在竹棍内侧绑上绳子，小竹棍可以起到一个阻挡绳子掉下来的作用。因为桑木很难寻找，现在会中并没有备用的扁担，目前训练和出会用的扁担是同一根。这根扁担已有近二百年的历史，因为保管得当，基本完好。

茶炊子，主体部分高50厘米，直径30厘米，加上顶部的花纹和底座共80厘米高，50厘米宽，材质为松木。两副茶炊子上所刻的纹样不同，一副为荷花，一副为牡丹。茶炊子中间部分为玻璃的罩子，罩子的四面

锣和锣楗

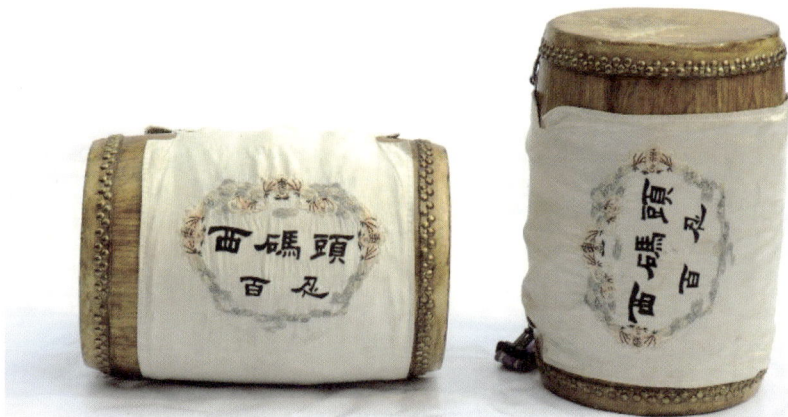

双面鼓

茶炊子

点心盒子

分别写着"西码头百忍老会"。前后两个茶炊子的顶部四个角上各有一个
角子灯，玻璃罩里面放的是鲜花。在一副茶炊子上，前面的茶炊子放有
一个大汤壶和两个盖碗儿，后面的茶炊子上放有一个盛点心的八宝盒（漆
盒）。茶炊子的玻璃罩和四个角子灯里放有蜡烛，当炊子颤动起来的时
候，蜡烛的火苗也会跟着一起颤动，灯火摇曳十分有韵味。茶炊子底下有
两个搁炊子的底座儿，茶炊子不行会的时候可以把炊子放在上面。百忍老
会的茶炊子底座是分体的，很多会中的茶炊子和底座是一体的。

　　茶炊子的道具有鸡毛掸子和甩子。掸子需要有人拿着，跟在茶炊子
身后，随时掸落在茶炊子上的土和灰尘。甩子系在茶炊子上，用绸子制
作，是为茶炊子表演者掸土用的，因为过去是土道，行会时身上难免会
粘到尘土，临耍之前需要清理一下。

　　前行儿除了两副茶炊子外，还有一副点心挑子，一副茶筲，一副
圆笼。点心挑子外刷大漆，上绘金色花鸟图案，由主体部分的八角体和
顶部点心盒子以及底部底座构成，主体部分宽为48厘米，高为41厘米，

点心挑子

底座宽为48厘米，高为23厘米。茶笥外刷大漆，上绘金色牡丹花图案，呈水桶状，上盖有铜色盖子，盖子中部有铜质装饰物。主体部分是直径39厘米、高39厘米的圆柱体，提手最宽处为46厘米，高39厘米。挑这几样的人穿的服装一样，但在技术上没有太多要求，行会中不需要表演动作，按照平常走路姿势行进便可。点心挑子、圆笼和茶笥子的两条扁担比挑茶炊子的扁担要小且轻，整副挑子的重量只有30公斤左右。其主要作用是来挑行会中需要的点心和茶水，出会时可供会员们享用。

制作茶炊子的工艺十分复杂，以前在民间有专门的能工巧匠制作，目前此项手艺基本失传了。炊子和扁担外部刷有大漆，上大漆的时候，要搭建专门的席棚子，将刷过大漆的物件置入阴干。在刷的过程中如果稍不注意，就会被大漆"咬到"，全身起很多疹子，痛痒难忍。这种老工艺虽然复杂且带有一定危险性，但是用在器物上，光泽度和质感都非常好。

圆笼

四、化妆

目前角色的妆扮基本上没有变化，依然是按照传统的方式。化妆和造型的步骤基本同戏曲中的一样。化妆的胭脂粉主要颜色有白、黑、红、粉等。以前，百忍老会自己有化妆师，大家亲切地称其为傅姐（名字不详），她原来在小百花评戏剧团做化妆师，每逢百忍老会出会时，总是无偿为会员们做化妆、修补衣服等。她于2006年去世，此后，百忍老会

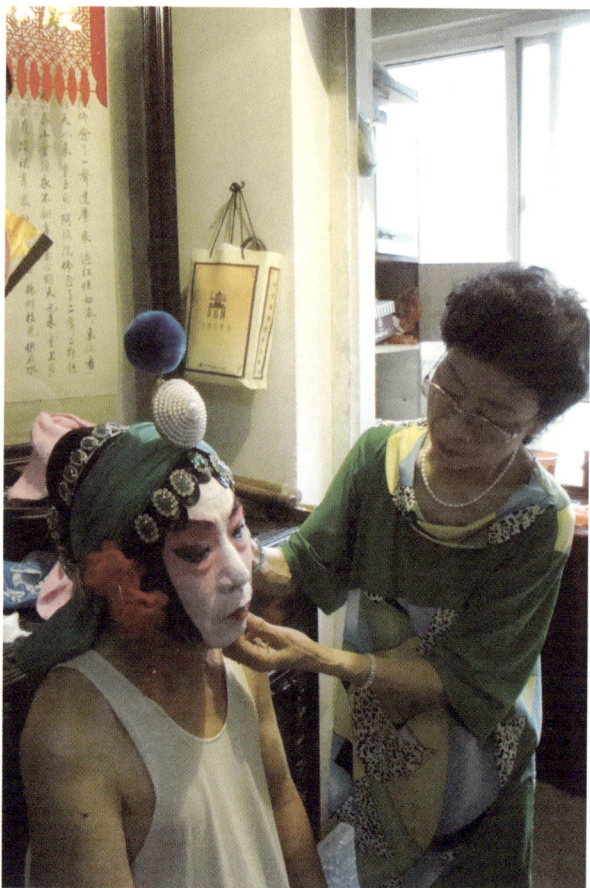

出会前，化妆师正在为角色精心装扮

从京剧团中邀请专门的化妆师为会员们化妆。

出会的时间一般为早晨，所以从凌晨三点就要开始化妆、穿衣。化妆没有特定的顺序，谁先来了，先给谁化。在人员齐备的情况下一般先化俊锣、丑锣和陀头，因为这三个人的妆面较为复杂。

陀头的面部妆容是：白色打脸，用黑色勾画出眉毛、眼圈及胡子，额

陀头　　　　　　　　　　　　婴哥

头上用金色写"佛"字，嘴唇上点一点红，腮部化一点粉红色的腮红。陀头的头巾要挂在两个眉毛上，防止往上蹿，可以拿眼眉的框子挂住，在头的后面系紧，戴月牙箍。

婴哥的面部妆容是：白色打脸，眼窝、腮部化淡粉色，上扬眉，黑色眼线，红色嘴唇，额头画红色小葫芦。

公子（武扇）是丑角的打扮，面部妆容是：白色打脸，鼻梁中间部分画白色葫芦形或者椭圆形，画倒三角眉毛，两眉毛间画黑色蝎子纹，眼睛上部画黑色三角形，粉色腮红，红色嘴唇，在下唇部嘴角两侧、下巴处点白色。太阳穴处画狗皮膏药纹样。戴假胡子，胡子上有两个红色小绒球。在表演逗花鼓中，胡子也是道具，武扇演员可以将眼睛以绒球为聚点，表演斗鸡眼。

渔翁

樵夫

渔翁的面部妆容是：清水脸，白眉，白眼周，额头、两腮、嘴角、眼角等部位画白皱纹。

樵夫的面部妆容是：先白色打脸，眼窝和额头化淡粉色，上扬眉，黑色眼线，红色嘴唇，戴假胡子。

　　十个人中，女角的化妆步骤最多。因为要男扮女装，所以化妆步骤较为繁琐复杂。丑锣、俊锣、文扇的脸部化妆相同，首先要打脸，然后是眼眶部位化粉色，描柳叶眉，画黑色上挑长眼线、大红色口红，接下来是勒带子，吊眉，绑带子，贴辫子，贴鬓角，插泡子，挂网子，拨大头（头上有个大卷，要拿针扎和网子固定在一块）。最后是绑水煞，把大辫子耷拉下来，用红绸子系上，耳朵两侧插几朵花。

　　俊鼓的面部妆容是：白色打脸，眼窝、腮部化淡粉色，剑眉，黑色眼线，红色嘴唇，小生打扮。

　　丑鼓也是丑角打扮，面部妆容是：白色打脸，眼窝、腮部化淡粉色，上扬眉，黑色眼线，额头到鼻子部位画白色葫芦，眉头中间画蜈蚣纹，红色嘴唇，戴假胡子。

武扇

文扇

俊锣

丑锣

俊鼓

丑鼓

部分头部饰品

化妆用的部分油彩

因为表演时间久，且在表演时动作幅度较大，为了保持头部假发不脱落，在整个过程中，扮女角的演员要多加一道勒头的工序。勒得不紧，在表演中容易脱落，勒得太紧，表演者的头皮一直处在一种麻木的状态，特别在夏天表演的时候，天气炎热，假发及厚袍都非常沉重，一天下来，这对表演者们是一种不小的考验。会中俊锣的扮演者安维鸣的前额上，有一道白色的疤痕，这是在化妆过程中插泡子的时候伤的，头皮被泡子尖插了一条大口子，但是当时由于头勒得太紧，根本感觉不到痛，出会回来卸妆，感到头部不适，才看到伤口。

五、服饰

现在的服装一般去古文化街的戏剧用品商店买，如果尺码不合适，要去专门的戏装商店订做。目前角色所穿的服装同过去变化不大，分为单层和夹层，夹层比单层要厚，单层穿春、夏、秋三季，冬季穿夹层。百忍老会的服装同京剧着装相同，每个角色的服装有自身的特点和风格。

陀头的内衫上下都为黑色。不带任何图案和装饰，素布做成。外套黄领绿坎肩儿，大襟儿，脖子上带着素珠，腰上缠有粮食袋子，出家人的打扮，脚穿黑靴子。

婴哥作小孩打扮，上衣、裤子都是红色，头带孩儿发，扎犄角，脚穿红靴子。

文扇服装

武扇公子外穿绿袍，里穿粉色衬袍，红裤子，戴绿帽子，帽子上有粉色大绒球，头带公子巾，耳朵左侧带红色绢花，脚穿黑靴子。

文扇穿黑袍，领部、两襟绣有花卉图案，蓝色或紫色裤子，头部缠有蓝色的包头，耳朵两侧有粉色花，脚穿黑靴子。

渔翁穿土黄色的袍子，腰部扎着大腰巾，红色的裤子。帽子是黄色的

俊鼓服装

草帽圈，中间写有"寿"字，两侧有蝙蝠纹样装饰。渔夫腰上系丝绦腰巾子，脚穿黄色靴子。

樵夫穿镶有白色衣领的蓝色袍子，水裙下沿有粉色、黄色、绿色水纹。蓝色草帽圈，帽子上有个手绣的"卍"字和蝙蝠图案。右耳朵旁边有紫色大缨球。樵夫腰上系绸缎腰巾子，脚穿黑靴子。

俊锣穿粉色外袍和裤子，腰间有白色大腰巾，头上缠粉色包头，耳朵两侧戴蓝花，脚穿粉靴子。

丑锣穿绿色外袍和裤子，绣有暗花。腰间有蓝色大腰巾子，耳朵两侧有红色绢花，脚穿蓝靴子。

俊鼓穿白色袍子，白色裤子，绣有蝙蝠图案。白色长水裙，水裙中间有淡蓝色裙摆。腰间有十字襻，脚穿白靴子。头戴白色罗帽，上有白色大缨球。过去罗帽上有四层绒球，现在经过改良，为六层。

丑鼓穿一身黑色短衣长裤，衣服上绣有燕子图案。丑鼓和陀头的裤子都为黑色，但稍有不同，区别在于：丑鼓裤子有暗花，陀头没有暗花。丑鼓头戴曲曲罩，同京剧里时迁戴的帽子非常像。腰间有白色腰带，胸前有白色十字襻，脚穿黑靴子。

茶炊子外面套着蓝色大褂，下身着套裤，脚上穿便鞋，头戴凉帽，凉帽上有铜穗子，腰间扎有腰巾，上面掖有白手巾。服装的样式是老一辈传下来的，仿清朝的杂役，目前所穿是仿制过去的服装新做的。茶炊子表演者脸部不需要化妆，也不戴假发。

出一次会回来，穿过的衣服要在室外晾干，隔一天后在衣服上喷白酒，因为白酒有消毒的功效，还能去除异味。随后要将衣服叠起来，归置到原位。因为保存得当，百忍老会目前还保存着许多前辈们穿过的衣服。

百忍老会中一直流传着"没有鞋、穷半截"的说法，所以在表演时所穿的鞋子很有讲究。女角所穿带花的叫彩鞋，男角所穿叫靴子。根据每个人脚的大小不同，鞋号分为大号、小号、中号三号。所有的鞋都是厚底的，越厚越好。以前出会全靠步行，要在腿子上站一天的时间，鞋底厚了踩在腿子上不累。另外，表演时动作强度较大，如果底子厚可以减少一些来自于地面的反作用力，脚心子不疼。原来的鞋子都是手工做的，可以根据要求进行加厚，现在没有专门衲鞋底的地方了，购买的成品鞋底较薄。目前会中还保存着一双第六代传人演渔翁的赵玉林（赵五爷）的靴子，靴底非常厚，大约有10厘米。

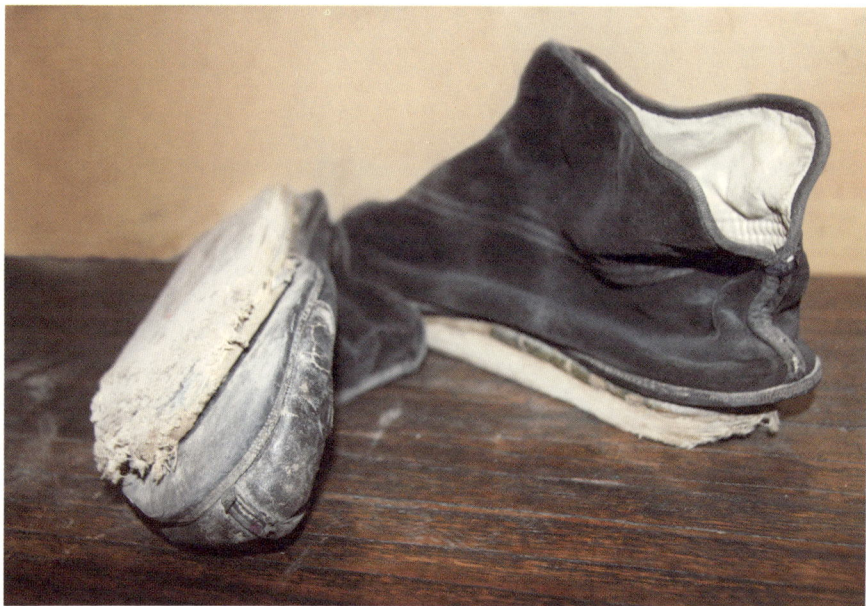

第六代渔翁表演者赵玉林所穿过的靴子

第五章

传承现状

一、传统社区的解体

乡里社会，也称作村落社会（村镇社会），是用地缘关系把若干不同家族、亲族集团组合起来的生活共同体，乡土意识或地域观念是维护这个共同体十分重要的纽带。自清朝以来，西码头高跷老会的会员，以卢、安、刘、侯四姓为主，人们在日常生活中以爷、叔、姑相称，生活上交往密切。

目前会员们训练多在会所所在地——天津市红桥区弘丽园小区的中心花园里

　　过去的西码头一带多是从事同脚行职业有关的人，因为长期忙于体力劳动，娱乐的时间少，娱乐内容相对贫乏，因而使得高跷这样一种老少咸宜、娱乐性强的艺术形式在本地大受民众青睐。会中曾经有许多会员从事脚行相关工作，如第六代中挑茶炊子的田文清师傅，原来的工作是走街串巷卖鱼，有挑担子基础，所以挑茶炊子可以信手拈来，不用费大力气练习。百忍高跷的老三点在西码头一带可以说是一种"乡音"，是维持这个地区民众凝聚力和找寻归属感的重要保障。在当地的老人中，只要一提"老高跷"，可以说是无人不知、无人不晓，老百姓对老会有深厚的感情。据会中很多老人回忆，小时候在家中吃晚饭，只要一听到老三点的锣鼓声，马上就会把饭碗一扔，扛着腿子去会所中练习。如果家里有人参加了百忍高跷，家中的人也十分支持和鼓励，并引以为荣。

　　随着科技的发展、社会的变迁，传统形式的社区已经开始慢慢解体，特别是居民的居住环境、生活习惯、职业、个人需求等都随着时代的发展而发生了翻天覆地的变化。按照现代民俗学的分析，人类文化有最基本的两个层面：一个是表层文化，一个是基层文化。表层文化是上层文化，有的还冠之为精英文化；基层文化被称为地质文化，是指与民众生活息息相关的民俗或泛称为民俗文化。不同文化层面所持有的文化立场观念是有区别的，这也造成了对实物不同的价值评估尺度。居住环境的置换、迁徙，居住形式私密性、独立性等格局的变化，人们情感的淡漠化，一改往日情同手足、守望相助的传统居住民俗模式，老乡土观念形成的老乡亲关系被新地缘观念所生成的新邻里关系取代，新形成的社区并没有留下老三点的美好记忆，所以他们对高跷这样一种"陌生的事物"，是站在另外一个文化立场来看待的，表现出的态度基本是不认同，甚至有一定的排斥心理。这势必会对高跷的下一步发展造成影响。现在，会员们会选择离社区较远的河边公园进行训练，因为很担心会给

每逢出会，居住在新社区的"老门口"们依然会来帮忙

社区居民生活造成一定影响。最重要的是，这种在一定地域中的民俗形式，从本质上来讲是一种民族精神构建的内在凝聚力的体现，原来孕育老高跷的土壤已经彻底消失，输送文化养分的"根"已经枯竭。

目前百忍老会中的会员，基本还是"老门口"的人，或是家族中上一辈里有在会里练的人。会员们多是依然有家族关系和血缘关系的"子弟会"，是代代传、辈辈传。令老会倍感欣慰的是，副会头安维鸣侄子辈儿的安春来，顾宝地孙子辈儿的，一个红眼（孙子），一个白眼（外孙），兰学文的一个白眼，目前都在会里学习，这些孩子算是第八代传人。顾宝地的孙子顾大鹏已经出过四次会，扮演小婴哥。

二、会员结构的变化

受诸多因素的影
响，目前的会头殷洪
祥、副会头安维鸣等人
被定为第七代传承人，
分别扮演棒槌、俊锣，
同一时期表演其他角色
的老人基本都已经过
世。过去在传承谱系上
的十个角色，基本是同
一代人，从小在一起训
练，年龄上相差无几，
人物的角色扮演基本是
完全接受上一代的传
承，所以从第一代到第
七代之间基本上保持传
承有序。但是，在目前
的第八代传承谱系中，
传承状况相对比较混

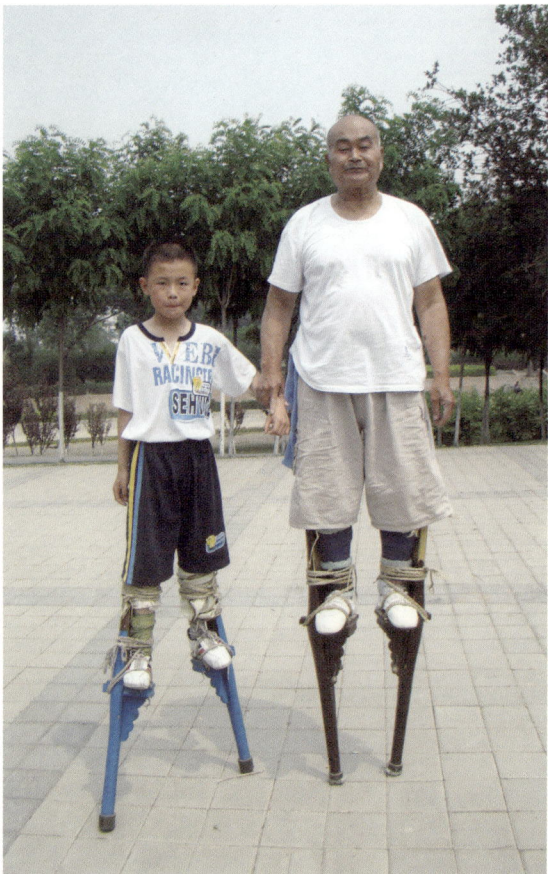

爷孙两代同上角——会员顾宝弟和外孙

乱，被称为"乱八代"。同为一代的传承人，有人师从第七代，有的因
为学习高跷较晚，第七代的师傅已经过世，而接受同代人传授技艺。现
在会中大多数人已经意识到这个问题，提倡一对一的传承方式，由年长
者统一对学习本角色的人进行教学，从而保持技艺的纯度和精度。第八
代现有的二十多人中，年龄相差很大，从几岁的小孩儿到六十多岁的老

人都有，甚至爷爷和孙子都在第八代里头。为了使传承谱系更加科学和合理，百忍老会现在并不把新入会的小孩儿们排入代谱，打算在他们技艺较为成熟的时候编写入第九代代谱。

目前百忍老会最担心的是后继乏人的问题。就现在经常上角的人员年龄来看，普遍年事已高，除一名扮演婴哥者稍微年轻（大概在三十五岁左右）外，其他都在五十至七十岁左右。现在会中的人员也意识到这个问题的严重性，非常重视对传习人的培养。目前练习高跷的固定人群中，有三名十几岁的孩子，但因学习时间较短，经验少，暂时还不能够顶替年长者出会。其他年龄稍长者，也普遍存在学习时间较短的问题，有的人虽然父辈参与高跷的演出，但很多是在退休后才学习的。如扮演公子角色的田国林，其父亲是老一辈茶炊子的表演者田文清，在2005年五十七岁时才开始学高跷，2009年第一次出会。所以，就目前的传承来看，可以说存在断层。依照过去会头的说法，绝大多数的人不具备出会的资格。从第一代到第七代，对高跷的技艺是从小熏出来的，在耳濡目染中学会了高跷，对技艺的精练程度远比现在更为到位。必须考虑到的一点是，绝对不能因新会员技艺方面的欠缺而不给予出会的机会，如果这样，他们的技艺水平始终得不到提高。时间久了，某些不常表演的阵形及动作，还有可能面临失传。造成后继乏人的原因有以下几点：

首先，由于受政治运动和自然灾害的影响，在1959年至1982年之间，整个天津的皇会和其他的花会组织，一直处在一种休眠的状态，百忍老会既没有训练和演出，也没有招收新的学员。

其次，自1982年后，百忍老会重新恢复起来，各个方面百废待兴，1982年，时隔23年以后，在第七仪表厂第一次出会，但没有招收上角的新会员。

再者，1999年西码头附近居民拆迁，原来住在老门口的会员们，纷纷搬离这个祖上世代居住的地方，很多会员因为离现在的会所较远，放弃了参加老会的机会。如赵成贵搬到了小海地，李宝林搬到了咸水沽。

最后，由于人们生活方式的改变，以往单一的娱乐方式变为今天多元化的娱乐方式，人们的注意力更多被高科技新型娱乐方式所吸引，而不再钟情于高跷艺术。

传承问题是会中老人们最担心的。他们说，过去不是你想练高跷百忍老会就要你的，能入得了会可不是一件容易的事情。而现在，为了能让老会后继有人，会员们想出了各种各样的法子进行招生。如曾在《每日新报》上发出招聘启事，想通过报刊等媒体引起社会的广泛关注，但是石沉大海。在弘丽园附近的小区中贴黄报招收学员，但同样毫无反馈。会中的老人还想过要把高跷艺术送到军队上去，让新入伍的小伙子

外出表演时，角色和小观众亲密互动

们学习。可是高跷是一项非常需要基本功的艺术，想通过短时期训练掌握它几乎是不可能的。"时间不等人，等他们练出来了，也复员了"，殷洪祥师傅说。

三、表演形式的变迁

目前百忍老会固定的出会日期有几个：自2006年起，每年农历正月初五踩金街，这是和平区组织的活动，路线是从劝业场到百货公司；自2008年起，新增每年正月初八到估衣街踩街的活动；农历三月二十三，参加纪念天后娘娘生日的仪式；参加每两年一次的妈祖节；其他大型活动如庙会、庆典等仪式，由主办方临时邀请通知。

老会原来表演时，十个角色都有各自的唱词，目前整理出来的唱词有三十一段，殷洪祥会唱十段，其中五段是号佛。以前有五六十段唱词，在拜会或出会前演唱，现在拜会的机会少了，出会时表演的时间又短，基本不怎么唱了，学的人也少了。这种表演形式的变迁，使得百忍老会的下一步发展缺少了源动力，表演时间短暂，必然会使某些会员产生懈怠的

冯骥才先生在2012年"非物质文化遗产日"对百忍老会进行慰问

情绪，对于追求技艺的精准度有很大影响。

表演场地方面的限制。原来表演时多是群众围观，"立体"地观看表演，现在很多时候是一种"主席台式"表演，会员们同观众不再是零距离接触，这样表演者必然会在很多方面忽略细节，对长久传承也会产生不良影响。

拜会的机会少之又少，老会的一些风俗正在消失。原来基本在各个地区都存在花会组织，甚至在一条街道里有好几道不同形式的花会，各道会之间经常礼尚往来相互拜会。随着城市化进程的不断加快，街道拆迁，居民搬迁，很多道会由此消亡或搬往较远的乡村，拜会的机会锐减。原来那种相互切磋，技艺上争强斗胜的氛围，已经基本被破坏掉。

由于受道路交通环境的制约，现在茶炊子等前行儿基本很少出会。前行儿是一套，如果出齐了大概需要一百人左右，比如说，原来出会时，茶炊子需要一路步行，沿途要有六七个会员来回替换着挑。目前会

《城市快报》《天津日报》等报刊上刊登的关于百忍老会的新闻

中并无雄厚的人力、物力，只能雇人打旗，维护秩序，这将是一笔不小的开销。而且，存在着到交通、治安环境等多方面的问题。比如，马路上很多地方拉有电线等，如果高照、门旗等较高的前行儿出会，很可能会被卡住，造成事故。

四、经济条件的困扰

目前每次出会，都需要几方面共同出资来完成，最主要的一部分是邀请方给予相应的资金补助；如果这部分钱不够本次出会的花费，则要从平时缴纳的会费中支出；如果金额还不够，就需要临时集资，会员根据自己的家庭情况来拿，富的多拿，穷的少拿。现在出一次会的费用大概需要2000元，主要用于化妆费、汽车运输费及吃饭等方面的开销。

百忍老会十分想把会中的前行儿统一进行修葺和翻新，可是随着掌握修葺技艺民间艺人的不断减少，这项工作变得非常艰难。据会中老人的粗略估算，修葺维护的费用大概需要十几万元。目前，会员多是一些退休的老人，缴纳的会费只够平时维持会中的日常开销，如电费、水费等，面对这么一笔庞大的开销，大家十分无奈。

笔者调研过程中与老会会员合影

第六章

传承人口述

一、殷洪祥

时任会头殷洪祥

我叫殷洪祥，1938年出生，汉族。我属虎，家里给我起了个小名叫刘虎，原来会里的老人们都叫我这个名字。我家原来位于红桥区鱼市大街花神庙胡同北积善里三号，现在搬到了红桥区弘丽园小区8号楼2门303。相传，过去在这"西大把"附近有个殷家胡同，是我们殷家祖上第一代的居住地。

我在家中排行老大，家中世代居住在西码头。那阵儿，这运河上没有桥，靠来回摆渡过河，背纤拉纤。河上跑的是小火轮、汽船和木船。河岸两边很热闹，有很多码头，我家住的这个地界儿叫西码头，河对面是邵公庄。每天都有大批的粮食、菜、水果从这里运进天津卫，这边卸蒲包，那边卸鱼、蔬菜，繁荣得很。

这附近村民做的工作也都和脚行有关，我爷爷曾经是万春斗店的

"会首"（掌柜、经纪人），有点文化识点字。父亲抗日时期在铁路上工作，解放前参加了中国共产党。我有一个姐姐、两个兄弟、一个妹妹，除了我，家里面没有练高跷的。

我小时候上过三年私塾，高小毕业，后来一边工作一边上学，最后的学历是高中。1956年4月在105厂参加工作，这个厂是个航空企业。1959年结婚，后育有一子一女。1980年转为干部，一直在这个厂工作到退休。别看玩高跷时要号佛，但我没有宗教信仰，在28岁时加入了中国共产党。

我从小喜欢踩高跷、练摔跤，1951年时，我正好12岁，跟着袁万瑞学摔跤。我们都说踩高跷的人能练得了摔跤，会摔跤的人学高跷也学得快。因为练摔跤的人腿、腰都活泛，还得有一点武术的基本功，这些都是学高跷必须具备的素质。后来百忍老会中的徐宝珍、卢四爷（卢恩弟）也教过我。我学高跷，刚开始先学的角色是陀头，这一练就是六年，老人们才算初步认可。我十六七岁的时候跟着第六代的人出会，近些年跟着第八代的人出会，那时候老前辈们说我："你上边也玩儿过，下边也玩儿过，是会中的三朝元老啊。"我擅长的角色有陀头、丑鼓、俊鼓，现在的徒弟有刘相生、徐宗信等人。

那时候，挑选学徒可比现在严格多了。太胆小的小孩不能学，太娇气的也不能学，个子太高的也不行，稍微矮点的可以，能演小婴哥。不过这其中也有特殊的人，第六代文扇扮演者安世华个子很高，但是他扮相好，要得也好，外号叫"玻璃灯"。也有这样的情况，小孩子刚选进来的时候不高，后来开始窜个（长高），为了要十个人的个头取齐，会中的人一致决定把个高人踩的腿子从下面截一块。长相方面没有规定，但对于棒槌的扮演者稍微严格点，个头不能太小，脸盘子得大，太小了打出来的花脸不好看、不威武。演武扇的人正好相反，长得越难看越好，过去有一个外号叫"老等"（名字不详）的人，他表演时俩耳朵能动，逗花鼓时两个眼珠能够逗到一块儿，别人一看都忍不住大笑。

以前，参加高跷会的人基本上都是住在老门口上的人，品行、德行、出身、家底，大家都是知根知底儿的。新搬进村里的人不要，住得远了的也不要，怕刚把技艺传了，回头这人就搬走了，技艺也有可能带到别处去。现在这规矩放开了，只要是爱学的人，我们都会教给他。会里只传男、不传女的规矩，现在没有改变，依然没有女会员。

师傅传授技艺是用口传身授的方式，没有固定的口诀。看到动作哪里不对的，会马上指出来，做示范。学到什么程度出师，并没有一个固定的标准。会中的老人们点头了，满意了才算可以。我们不敢有创新，技艺上算是严格传承了老一辈们的传统。一个是不敢改，一个是也没有那么大能耐改编。技艺方面没有太多的失传，最多有个熟练和不熟练的分别，基本上每个动作，平时都练。但在唱词的传承方面有一定困难，现在倒出来的唱词有三十一段，以前有五六十段。我会唱十段，这其中有五段是号佛。按照原来的规矩，我们去哪里拜会都得给人家唱，人家也愿意听我们唱。现在去别处不怎么唱了，只是在每次出会前，会员们在会所中号佛五段，这五段基本上所有的会员都会唱，其他在表演时唱的唱词，如《渔樵对答》，公子的《三不改》《财色酒气》已经失传了。

我们百忍老会和其他会有很大区别，因为我们的会规很严格，无论从做人上还是技艺上，都对会员有很大的约束力。比如说，蔡八爷给我们的会起名字叫百忍，就是要告诫后代，百事忍为先，平时不能说脏话，不能打架，不能做偷盗的事情，遇见谁都要客客气气的。我们小时候刚开始练时，起码有三四个带胡子的老头监督。小孩子在一起练的时候，不许拿道具打闹，不许抽烟。不能在出会的时候和女同志闹。我们会里面原来有个演樵夫的，出会的时候，拿樵夫担子招惹看会的女同志，被会头知道了，对他好一顿训斥。当时，每天晚上都得练基本功，那会儿上学松，只上一上午，下了学就扛着腿子去河边练基本功去，抻筋、踢腿嘛的。我刚参加工作那阵儿，对高跷会挺重视，只要说练会，走到哪里都好使。要是正好赶上上班时间出会，去街道或派出所开个证明拿给厂领导一看就行了，还算全勤，工资照发，可能还有点补助呢。

我们会的鼓点是老三点，这可是天津卫的"独一份"。别的会存在这样的情况，有的人在这个会练完了，其他会缺人，让他去那里练，这可以，没有人管。但是在咱们百忍可不行，你在这里玩会，就老老实实在这里玩，不能去别的地方溜达。相反，别的会的人能来我们这里练吗？也不行，因为他们练不了。我们这十个人走的步伐得完全一样，这要不是经过长时间的磨合、排练，根本不可能配合到位。按照老规矩来说，咱们这些东西还不能外传，老人们过去教技艺，不能在屋外教，得到咱们会所里面教。会所外面别的会的人太多了，都是来咱们老高跷偷艺的。百忍老会有会规：不准乱学别会的东西，但是别的会不一定有这规矩。会里还有一项绝活就是锣鼓四件儿的功夫好，演出的时候，我们的锣鼓都在场上跟着角色一边伴奏一边演出，有一些别的会得在场下伴奏，这可非常考验锣鼓四件的能耐了，队形得记住，动作得记住，鼓点也得记住。其他的角色没有真功夫不行，姿势都是骑马蹲裆式，随便一个人都能做大墩、鹞子翻身之类的动作。

我没参加过皇会，所有关于皇会的事儿都是从老人们嘴中获得的。听老人们讲过，当时负责组织皇会的是扫殿会，由娘娘宫的老道们组成。有一个道长到西码头来邀请百忍出皇会。那个年头出会，挑费得自己出，还得要头、要脸，寒碜了不行。那时候西码头不怎么阔，没钱置办东西，也没同意老道的邀请。没过几天，娘娘宫二次又来，百忍还没答应出会。过了几天，老道第三次又来，这次道长胳膊上挎了个篮子，

殷洪祥（左）同第七代渔翁扮演者张玉林合影

里面带着耙头钉子，还带着一把锤子。他说，你们要是不答应出会，我就把这钉子放在嘴里头，钉在你们会的柱子上，不走了。会头一看要出事才答应了。

全天津市的会，没有哪伙会和百忍老会闹别扭的，都倍儿好。一个是因为我们会的年头长，另一个是因为我们会的人都很和善。蔡八爷给我们起了"百忍"这个名字真是管大事儿了，过去，我们会一到别的地方去演出，人家就说老前辈来了，人家越这么尊敬我们，我们就越谦虚谨慎对人家。最后，会里形成了一种习惯，对谁都得礼让，对谁都得和善。我们会所在河边那阵儿的时候，来拜会的人特别多，一排都排到民族医院桥那边，挨到谁表演了都玩命地练。有的会来我们西码头拜会的时候，经过别的会门口也进去拜会，但是没有玩命练的，只有到了我们会才亮真本事，使出十二分劲儿耍。有的会里，有些老角色耍的特别好，但是拜前面的会时都不耍，让小年轻的耍，到了百忍的门前面才扮上耍。

过去，要是家里有个参加高跷会的人，全家都觉得光荣。那时高跷会里的会董们多是老公所诚意堂的人，这些人都是在理儿的人。和过去不一样，现在愿意练的人少了。一个是因为现在一家一个孩子，都是宝贝，玩高跷难免磕磕碰碰的，大人不舍得。再一个是因为现在能玩的东西多了，不像过去娱乐的项目少。我们也尝试了很多方法招生，在小区贴招生简章，和学校联系作为一门课外活动，去军队招生，可是效果都不是很好。现在常出会的，就是我们这些年龄比较大的人。上次去庄王府出会，看到别的会带了一帮十六七的孩子，身条倍儿好，体力也好，我真是打心底里馋得慌。不过，我们会里这些老人们说了，只要有一口力气，需要我们出会，就义不容辞。

我觉得老祖宗的这些东西流传下来不容易，一个是会里设摆的器物，别人出多少钱我们也不会卖；一个是传统的技艺，现在不能丢，将来也不能丢，得想办法传下去。说得迷信点，真怕做得不好，有一天见了那些老人，不知道怎么交代。

我觉得现在社会、政府、专家对百忍老会挺重视，通过《城市快报》《天津日报》等报刊、媒体进行宣传。社会各种文化组织对我们这些老人也非常重视，1988年，给我评了个"广场文艺民间艺术家"的奖；2010年，"民间保护天津皇会奖励基金"还把我评为优秀传承人。

二、安维鸣

时任副会头安维鸣

我叫安维鸣，汉族。1938年9月出生于西码头蒲包店大街。我的祖上世世代代住在这里。1958年，因为房屋改造，我搬到了南开区长虹街雅美里，居住至今。小时候家庭条件不太好，到小学三年级家里就没钱供我念书了。

我家里参加百忍老会的人特别多，代谱上的安洪星、安春来，都是本家。不上角的会员更多了，一到出会时，他们都来会里忙活，护腿子、维持秩序嘛的。

我在1951年12岁时开始学艺，17岁正式演出。刚开始学的锣子，后来也学过陀头。刚开始学的那会儿，我没有正式工作，日子过得很苦，靠拉小车赚点钱。1956年正式上班，中间换过各种工作，瓦工、水泥工、修房顶都干过，最后，在天津市钢丝厂工作，从这里退的休。

刚开始学高跷时，先不绑腿子在地上走。这主要是让十个角色先磨合磨合，记住阵形怎么走。身段和阵形要一块儿练，外面下雨了，出不去了，就坐屋里学曲子，练身段，互相之间指哪地方的词唱错了，哪地方的调儿不对。平时腿子是自个儿在家里练，或者两三个人一起练。等练到一定程度了，大伙儿再踩着腿子走阵形。

我的师傅是于成光，除了跟师傅学，别的老前辈也给过我技艺方面的指导，但是最终所认的师傅只有他一个。师父在教的时候要边做示范，边手把手教，胳膊高了给你往下掰低一点，眼神没跟上马上提醒你。但是一直以来，技艺方面的东西没有文字的记录，全凭口传。师傅叫我怎么做，我就怎么做，也完全没有创新。耍的玩意儿都是老套活，独出心裁不行。不过师傅的技艺风格对徒弟十分有影响，比如说，我师傅演锣子的风格被称为"大寡妇"，就说走路跟大寡妇似的，动作特别粗，讲究个"泼、辣"。师傅是"大寡妇"，传我，我也是"大寡妇"了。别人的锣子呢，都是文文气气、稳稳重重的，像卢洪义、卢洪印、卢洪文他们三兄弟的，他们的锣子和我的风格就完全不同。无论扮演俊锣、丑锣，在化妆、服装方面都是一样的，只是我在做飞锣、鹞子翻身的动作时比别人的架势要武一点。

除了师傅传授外，回家后还要自己不断琢磨，不断练习推敲。一起学的一批人基本年龄相同，从小在一起长大，虽然学的东西不同，但是在平时的耳濡目染中，互相学会了其他人角色的动作技巧，用俗话说，就是有一定的"眼力界儿"，能在别人表演时一下子就能看出来，哪个鼓点错了，哪个步伐不对，哪儿演得出彩儿，哪儿演得不好。所以，我一直认为对于学高跷的人来说，最好是从小在一个高跷的环境里熏出来，所有的技巧都能在潜移默化中学会。

那时候学唱词和曲谱，全是通过口传的方式，虽然锣鼓的唱词很少，但是师傅唱一句我在后面跟着学一句。不过很遗憾，这方面的历史资料整理出来的很少，咱们玩高跷的人，都是些粗粗拉拉的人，基本没什么文化。早些年，会中的倪恩培整理出来不少，这个人是账房先生，也是管理老会会务的先生，他比较有文化，原来做过律师。他很懂过去的老事，经常讲给我们听，一到讲故事的时候，我们的会所地上、凳子上都坐满了人，他没事儿的时候就给我们讲梁山好汉的故事，讲这十个角色的来历，这个场景在我脑子里头印象特别深。

原来没有说学到一个固定的程度算出徒，只要师傅说你可以你就可以了。如果徒弟的演出得到了师傅的认可，那么就可以代替师傅上场了。我师傅于成光三十多岁时就不上场了，因为我能代替他出会了。他后来在会里负责教教其他人，做一些会务的工作。虽然我们很年轻就能上角了，但也不能轻狂，我们会规说了，做人得谦虚有礼貌、和和气气。在会所的时候，我们很尊敬那些老前辈，只要他们在会里，晚辈们只能站着说话。屋里的凳子不能随便坐，号佛的案几上不能摆放乱七八糟的东西。有时候在会所练习，一练就是一天，吃的东西都是从自己家里背来的。小孩子无论多顽皮，一到会所就变得特别老实，生怕做错了什么，惹得会里老人不高兴。

我觉得我们百忍的高跷，最大的特点就在这锣鼓上了。锣鼓和别的会是一样的锣鼓，鼓点是一样的鼓点，可是不同的敲法出来的声音是不同的。我们会敲出来的鼓点是带"嘟噜"的，有个颤音。可要是新角，就做不出这个，没这个颤音，能响就完了。单从这一点，就能看出一个人的艺术水平高不高、功底深不深。打棒槌不能"哗啦啦"地响，得脆，一下是一下，"梆、梆、梆、梆"。陀头打一下，锣和鼓也得打一下，得跟那棒槌点一模一样，配合得上。再就是要卖力气，要一直拿鼓点催着陀头，跟唱戏似地练。锣子要不催陀头，也是这个点，可是练出来不好看，要我们内行人来看，就是练油了，那就坏了。

参加高跷会这么多年，没有从里面拿过一分钱，往里搁钱的时候倒是很多。会费是会费，另搁的钱不算。可以说，百忍老会发展到今天和会里每一个会员的无私奉献是分不开的。我现在很知足，因为现在出会的机会多，我们玩得过瘾。今年（2011年）的6月11日，在南开区的庄王府庆祝非物质文化遗产日，我还出会了。

　　现在练高跷的小孩少了，会里顾宝弟的"白眼儿"、"红眼儿"都在学，我的"白眼"也在学，还跟着出了几次会。只要有孩子要学，我就会没有保留地教给他们。目的只有一个，别让这份老祖宗留下的宝贝断送在我们这一代人手里。我在1988年被评为天津市"广场文艺民间艺术家"。

三、卢洪义

时任副会头卢洪义

我叫卢洪义，汉族，1940年生，属大龙，出生在西码头蒲包店大街庆泰米铺胡同儿。

当时的高跷会的老会址就在这蒲包店大街上。在这里住的人都是一般人，农民、搬运工多，练高跷的主要也是他们。我家祖上好几代一直都在这儿住，当时西码头一带街道的取名都和所做的行业有关，比如说蒲包店大街，就是做蒲包的，庆泰米铺胡同儿是开面铺子的，其他的街道还有鱼市大街、马市大街、鸟市大街，是因为沿着运河两岸有很多卖鱼的、卖马的、卖鸟的。当时在我住的地方附近，都是踩高跷的会员。

最初学高跷的时候很自然，因为家里的老辈们玩这个的人太多了，第五代陀头的扮演者卢宝荣是我大爷，虽然父亲不练，但是我大哥卢洪印、二哥卢洪滨都练，我们家可以算是高跷家族。带我入会的算是大哥卢洪印，他刚一开始演小婴哥，那阵子他年龄小，个子也小，后来长大了改练锣子了，我接着替他练小婴哥。后来他工作的厂子搬迁，去湖南工作一直也没回来。

我从七岁开始在老公所小学上学，这学校原来叫十七小学，西码头附近的孩子都在那里上学。过去这里有一所老公所，公所的人都向善，不抽烟不喝酒，只管教育大伙儿怎么学好。我们会里的会员，很多人也参加了老公所，像我的家人没有一个抽烟喝酒的。那时候上学管得松，放学回家赶紧写完作业就跑去踩腿子。后来上了班，虽然忙下来一天特别累，但是每天下了班一准回来踩，一天也没落下。我1956年去了河东区医疗器械厂工作，后来调到三条石的一个电气焊厂，一直在这个单位工作到退休。我退休比较早，因为干电气焊工作的人，十个里得有一多半有关节炎，这算是职业病。年轻的时候没觉得这病对练高跷有什么影响，现在年龄大了觉得挺吃亏，因为腿子踩不了了。

我练高跷从小就学，也就七八岁，跟别人比算是早的，因为我大哥那会儿是练锣子的，年龄比较大，会里缺少一个练小婴哥的，我就去练这个角儿，那阵儿还跟第六代的老人们出会了，心里特别美。随着年龄增长，我开始练俊锣。

对于百忍高跷来说，最难的是五蝎子的动作，由棒槌、婴哥、俊鼓、丑鼓、公子这五个人来做。这个动作很难，因为是一条腿支撑，另一个得勾起来，大腿挑得很高，像蝎子的尾巴。鼓要卡在脖子后面，用牙咬住鼓带子，两只手在头的两边左右敲。现在还练这个动作，但是平时出会的时候基本没耍过。现在出会时间是主办方给安排的，根本不给你那么多时间，半套逗花鼓也耍不完。再一个，现在个人都有工作，本来凑一起练的时间就少，见了面也就练练常用的动作，根本没时间练这些不常用的动作。据说在同治年间，有个五蝎子过东风桥的故事，老人们说很神奇。除了五蝎子，十八路棒槌和公子逗花鼓也是百忍老会的绝活。

我练高跷算是家传的，但是真本事、硬功夫还是在会里学的。按照我们这一行来说，学的本事基本是被熏出来的。为什么这么说，小时候我们基本是在会里天天泡，天天练。原来老门口的大娘大嫂们，看的时间长了，动作、阵势嘛的都学会了，我们只要一错，她们马上给指出来。我练的时候，这帮上了岁数的老师傅们，就在边上看着，告诉我动作、身段上哪块儿不对。比如说，飞锣得把胳膊伸长了；要是揣锣，胳膊必须得往下揣。有时候说不管用，直接上手比划，面对面、手把手地教，师父在前面飞，我跟在后面飞。那阵儿，老师教学的时候倍儿严，我们这一代有二十多个小孩学，最后就剩了十个人了，那些因为技术不过关不让练了。喜欢演陀头的，拿俩擀面棍在家练，大伙儿没事儿偷偷在家踩腿子。那时候只有会里的老人说你练得差不多了，他说你行了，你才能出会。学高跷没有像现在一样有固定的时间，基本上是天天练。现在整个跑场子是定在礼拜日，过去是天天这样。迷到什么程度，一听见老三点的锣鼓声音，在屋里吃饭也吃不下去，胡乱扒拉两口扔下饭碗就跑了。

我在上世纪80年代初当过一段时间的会头，后来搬了家，离会所挺远，怕会所有嘛事来不及张罗，就没继续当下去。

工作有退休的年龄，但是高跷没有退休的年龄限制，按照个人体力的好坏，能出得的了会的当然还想继续出。现在，第六代和第七代的人还经常在一起演。我出会已经不上角色了，忙活后勤服务，场子底下也缺不了人，有时候比上角的还要累，东跑西跑，拿这取那。嘛事儿都要顾全了，像化妆、运输、搬东西都得有人，底下的人少了可不行，别看表演的就那十个人，但要是出会出全了，得用百十口子的人。

西码头百忍老会能传承到今天不容易，有几个原因：一是老一辈们把物质的东西守住了，一是把精神的东西传承下来了。精神的东西是什么？按照老百姓的话来说，就是"气"，气护住了才能精神不散。原来，老前辈们千叮咛万嘱咐，咱这老高跷可千万别失传，平时多上点心卖点力，当成家就行了。也怪了，每次我不管在外面遇见了嘛，有嘛不高兴的，一来到这高跷的屋子，那是豁然开朗，什么烦心事儿都没了。每周来这会所里转一趟，回家了什么都踏实，就是这种感觉。我没想别的，觉得能有一分力气就不出半分，得对得起咱老祖宗的嘱托。

附录一
西码头百忍京秧歌老会传承谱系

2002年，百忍老会的会员根据会中老人们讲述和多方面资料的汇集，将八代的代谱整理出来：

角色 / 代际	陀头	婴哥	渔夫	武扇	文扇	樵夫	俊锣	丑锣	俊鼓	丑鼓
第一代	岳大佬									
第二代	卢凤泗									
第三代	霍兆远			高起顺						
第四代	于义德	倪国玺	杜宝奎	唐有盛	卢春波	谢宝树	宋长秦	谢大蝎	李仲田	马海
第五代	卢宝荣	张文玉	老等	三美	卢三宝	刘世臣	大鸡子	蝎虎子	卢宝琪	李少斋
第六代	徐宝珍	卢洪印	赵玉林	安世华	倪恩寿	王恩成	杜文成	于成光	杜文发	杨宝泰
							卢洪文	房树林		张富鹏

（续）

代际＼角色	陀头	婴哥	渔夫	武扇	文扇	樵夫	俊锣	丑锣	俊鼓	丑鼓
第七代	殷洪祥	安洪德 郭季诺	刘金祥 吕佩清	郭树良	张玉林	兰学荣	卢洪义	安维鸣	刘文启	柏洪发
第八代	刘文贵	刘德强	赵成利	刘文生 安春来	张冠吉	王广华	柏洪起	兰学文	苏金荣	侯文茂
第八代	刘相生 徐宗信	刘建秋	田国林	李万奎 刘强 顾宝地	刘德春 韩金利	李宝林 朱金利	宋家琪 侯文进	赵成贵	卢洪生	安洪星 兰学和

另外，茶炊子的传承谱系为：贾三爷、李季发、韩隐泰、赵玉清、田文清、卢宝安、郑鹤林。其中，公认技艺最好的是贾三爷。

附录二
西码头百忍京秧歌老会器具遗存登记表

名称	尺寸（厘米）	数量	历史年代	用途	备注
印章	4.5×1.2×3.6	1	清朝光绪年间	印在百忍老会会帖上	刻有"礼物国币概不敢领"
印章	5.5×1.5×3.4	1	清朝光绪年间	诚意堂路灯社印章	刻有"西码头诚意堂路灯社"
印章	7.5×3.7×3	1	清朝光绪年间	诚意堂路灯社印章	刻有"西码头诚意堂心愿路灯众承辦拜"
印章	6×3.3×3	1	清朝光绪年间	诚意堂西老公所路灯社印章	刻有"西码头诚意堂西老公所路灯社众承辦拜"
印章	4.5×3.3×3.2	1	清朝光绪年间	百忍老会印章	刻有"西码头百忍京秧歌老会仝拜"
扁担	230×9×4	1	清朝嘉庆年间	挑茶炊子用	
五屏风	122×19×75	1	清朝光绪年间	原屏风内装有"佛"字，现改为关公像	原为西码头诚意堂老公所物品
	112×19×62	2	清朝光绪年间	装有对联，为上联为"忠义神威丹心贯日"，下联为"春秋正统俊德参天"	原为西码头诚意堂老公所物品

（续）

名称	尺寸（厘米）	数量	历史年代	用途	备注
五屏风	102×19×61	2	清朝光绪年间	分别写有《号佛三》《春翠屏》及"十八路棒槌"	原为西码头诚意堂老公所物品
	160×80×100	1	清朝光绪年	号佛时摆放香炉及贡品	原为西码头诚意堂老公所物品
	95×73×100	2	清朝光绪年	号佛时摆放香炉及贡品	原为西码头诚意堂老公所物品

附录三
西码头百忍京秧歌老会相关方言称谓

1.西大把：过去对西码头一带的泛称。

2.会首：又称"跑和"，店铺中的管家。

3.老门口儿：世代居住在一起的邻居或者乡亲。

4.大佬：家中排行倒数第二个儿子。

5.小佬：家中排行最小的儿子。

6.棚工：旧时为人搭建房屋的工人。

7.闷练：关起门来自己练习，不要别人知道。

8.勤行：专门为人做饭的行业。

9.在理儿：指的是信奉理教的人。理教创立于清康熙年间，以戒烟酒行善事为号召。

10.大众：对参加老公所的男性尊称。

11.二众：对参加老公所的女性尊称。

12.找便宜：赚别人便宜。

13.捋叶子：偷学别人技艺。

14.头锣：主要负责管前行儿的人，一般由老会头和老前辈们担当。

15.二锣：主要负责掌管后场的人，表演开始和结束都由二锣决定，由会中德高望重且又对出会场面熟悉、经验丰富的老者担当。

16.前行儿：又名前场，行会中走在前面，主要包括头锣、门旗、硬对、软对、串子灯、角子灯、茶炊子等，起到一种仪仗的作用。

17.后场：跟在前行儿之后，主要包括二锣和上角表演高跷的十个角色。

18.手彩儿：后场表演高跷中，十个角色手中所拿的表演器具。

19.上场门：过去演出形式都为百姓围观为主，以二锣站立位置为上场门；现在是以朝主席台或者观众的一面为上场门。

20.下场门：与上场门相对的位置为下场门。

21. 会催：会中负责联系会员、组织排练等内勤工作的人。

22. 独一份：唯一拥有的，别人不能替代，多指技艺方面的高超。

23. 白眼儿：指外孙、外孙女。

24. 红眼儿：指孙子、孙女。

25. 挑费：京津方言，指家庭日常生活里的开支。

26. 窜个：小孩长高的意思。

27. 眼力界儿：判断事情的眼光。

后记

　　皇会是一种为祭祀海神妈祖诞辰而举行的大型庆典活动，作为天津民间最为隆重的民俗活动之一，曾被誉为"中国人的狂欢节"。天后宫的建立早于天津建城设卫一百二十余年，故民间流传着"先有天后宫，后有天津卫"的说法。

　　随着天后信仰的传入，各种民众自发形成的敬神、求神、酬神、娱神以及祛邪避灾、自娱自乐等表演形式随之产生，被冠以"会"、"圣会"、"老会"之称。后来，随着经济、文化的不断发展，特别是商品交换、贸易往来等活动的日益密切，形成了"庙会"、"香会"等集会形式，这其中以天后宫庙会最为隆重，影响最为深远。每年的农历三月二十三为天后宫庙会，后经过清康熙、乾隆两位皇帝的封赏，天后宫庙会才改为"皇会"。在这一天，整个天津卫全城狂欢，万人空巷，许多从天津各处涌入天后宫的花会聚居一处，而这其中只有少数历史久远、技艺精湛、受过皇封和赏赐的老会、圣会方可参加天后祭典。其余一些资历尚浅、技艺稍逊的会不准参加皇会仪式，甚至只能在天后宫的山门外进行表演。因此，许多花会趁此机会来"捋叶子"，回去后勤加练习，只求有朝一日可以大方露脸，也成为"在会道"。

　　高跷会是皇会中一道必不可少的玩意儿表演类花会形式，其中以西码头百忍京秧歌老会最负盛名。百忍老会以其悠久的历史、独特的唱腔、琅琅上口的唱词、极具特色的表演形式、严格的会规，深受广大民众喜爱。

　　嘉庆二十四年（1819年），蔡绍文（后人尊称蔡八爷）随同天津西码头镖局岳长发来到天津。蔡八爷此人精通京秧歌高跷，既懂耍又懂唱，技艺了得。来到天津后，在南运河西大湾子一个征缴船运税银的关税卡当书吏，因为与西码头的村民交往甚密，看到这里的百姓虽然文化蒙昧、粗枝大叶、争强好斗，却又豪爽仗义、扶危助困、淳朴善良，他们终日辛苦，却少有娱乐，便打算将娱人娱己的京秧歌高跷传授给他们。后来，岳长发负责出钱出力，操办此事，于道光元年（1821年）二月十五日成立了西码头百忍京秧歌老会。

百忍老会历史悠远，技艺高超。"十八路棍法"里"太子踢球"大破狮子阵的故事，不但大棒槌霍兆远家喻户晓，更使得百忍老会名震津门。"老三点"的步伐，最能体现扎实的基本功，"闪、挡、腾、挪"尽使脚下生花。"逗花鼓"时，两锣、两鼓上下翻飞，随时可见骑马蹲裆、鹞子翻身等武术架势。"公子巡场"，尽显各人物性格，手、眼、身、法、步配合得滴水不漏，并将每个人的特色表现得淋漓尽致。茶炊子的表演者将百十斤重的炊子担在肩上，还能游刃有余地表演大、小换肩，将动作耍得潇洒利索。最为叫绝的是"五（武）蝎子"的动作，堪称天津卫的独一份。

"百事忍为先"的会规，时刻提醒会员们百事和忍，以理服人，因此得到了其他各会的称赞和尊重，有着良好的口碑。虽然经历过数次会址变迁，但西码头的会员一直守护着会中的老物件儿，他们一直认为这些会中的老物件都是老祖辈们传下来的，甚至比自己的身体更宝贵，人摔了没事，可摔着家伙事儿不行。正是有这样的意识，直至今日，会中的老物件得以保存良好。

目前会中会员以缴纳会费的形式维持着老会的开销，正是他们的爱会、惜会才使得老会发展至今日。"这会就像大海，往大海里扔东西容易，想再从大海里找回来是不可能的，进了会的东西，我们从来没想过拿回来，这是会里人共同的想法"，会员徐宗信说。

西码头会内的代谱排列有序，从第一代开始基本都对入会会员姓名有文字记录。目前，会中存在最大的问题在于传承方面。除了会中几位老会员的三名孙子辈小孩外，其他并无新入会的人员。会中也意识到传承问题的严重性，非常重视对下一代传习人的培养发展。会中的老人一提到这点都是忧心忡忡，但是却无计可施。过去的"子孙会"如今已经不再保守，他们通过各种方式招纳会员，既用过传统的收徒方式在本小区及周边小区中张贴告示，也借助过网络手段进行宣传，还利用报纸、电视广播媒体等方式进行招生，但都依然收效甚微。现在经常上角的人员，普遍年事已高，平均年龄在60岁以上，甚至今年已经73岁的安维鸣师傅还会上角。有一次出会，会中的老人们看到另外一道花会中上角的都是十六七岁的年轻人时，时任会头殷洪祥说："看到有的会那么多年轻人，我们都馋得慌，不是不想上角儿，年龄不饶人，动作做不到位，怕砸了咱老祖辈的招牌。"

皇会这种老百姓自发组织、自娱自乐、活态存在的艺术形式，正在随着城市改造和城镇化进程渐行渐缓。"护气"是会中人经常说的一个词，在他们看来，气就是精气神，就是灵魂所在。气散了，心便散了，会也就散了。为此，他们坚守着信念，恪守着会规，每个人都以自己是百忍高跷的一份子而骄傲，以守护老祖辈留下的传家宝为光荣。这正如同冯骥才先生说过的那样："文化的发展和传承是一个国家和民族的灵魂所在，失去了老百姓的保护，文化就失去了扎根的土壤。"

感谢此书完成过程中各位老会会员们的热情配合，感谢书中部分照片的提供者杨家仁先生。此外，本院的王小明曾在2007年对天津民间美术进行调研，协助摄影师王晓岩拍摄了老会所藏的部分仪仗、执事和老物件儿，为本书的图片采集工作贡献了力量。

2013年8月

于天津大学冯骥才文学艺术研究院

图书在版编目（CIP）数据

西码头百忍京秧歌老会/蒲娇，史静著. —济南：
山东教育出版社，2013

（天津皇会文化遗产档案/冯骥才主编）

ISBN 978-7-5328-8158-1

I. ①西⋯　II. ①蒲⋯ ②史⋯　III. ①风俗习惯-
史料-天津市　IV. ①K892.421

中国版本图书馆CIP数据核字（2013）第223922号

天津皇会文化遗产档案丛书
西码头百忍京秧歌老会
冯骥才　主编

主　管：山东出版传媒股份有限公司

出版者：山东教育出版社

　　　　（济南市纬一路321号　　邮编：250001）

电　话：（0531）82092664　　传真：（0531）82092625

网　址：http://www.sjs.com.cn

发行者：山东教育出版社

印　刷：山东临沂新华印刷物流集团有限责任公司

版　次：2013年10月第1版第1次印刷

规　格：787mm×1092mm　16开本

印　张：11.25印张

字　数：137千字

书　号：ISBN 978-7-5328-8158-1

定　价：65.00元

（如印装质量有问题，请与印刷厂联系调换）
印厂电话：0539-2925659